NEW GENERATION KOREAN
3

NEW GENERATION KOREAN 3

Advanced Level

Mihyon Jeon
Kyoungrok Ko
Daehee Kim
Yujeong Choi
Ahrong Lee

UNIVERSITY OF TORONTO PRESS
Toronto Buffalo London

© University of Toronto Press 2023
Toronto Buffalo London
utorontopress.com
Printed in the USA

ISBN 978-1-4875-4616-8 (paper)   ISBN 978-1-4875-4617-5 (PDF)

All rights reserved. The use of any part of this publication reproduced, transmitted in any form or by any means, electronic, mechanical, photocopying, recording, or otherwise, or stored in a retrieval system, without prior written consent of the publisher – or in the case of photocopying, a licence from Access Copyright, the Canadian Copyright Licensing Agency – is an infringement of the copyright law.

We welcome comments and suggestions regarding any aspect of our publications - please feel free to contact us at news@utorontopress.com or visit us at utorontopress.com.

Publication cataloguing information is available from Library and Archives Canada.

Cover design: John Beadle

> This publication was supported by the 2022 Korean Studies Grant Program of the Academy of Korean Studies (AKS-2022-P-010).

We wish to acknowledge the land on which the University of Toronto Press operates. This land is the traditional territory of the Wendat, the Anishnaabeg, the Haudenosaunee, the Métis, and the Mississaugas of the Credit First Nation.

University of Toronto Press acknowledges the financial support of the Government of Canada, the Canada Council for the Arts, and the Ontario Arts Council, an agency of the Government of Ontario, for its publishing activities.

Contents

Preface 7
Components 8
Characters 10
Lesson Table 11

Lesson 17 아르바이트한 지 일주일 됐어요. 13
Lesson 18 의사 선생님이 쉬라고 하셨어. 29
Lesson 19 이사하느라고 바빴어요. 45
Lesson 20 한국에 간다면서? 61
Lesson 21 한국 드라마를 좋아하는 줄 몰랐어. 77
Lesson 22 머리를 자연스럽게 해 주세요. 93
Lesson 23 무슨 선물을 줘야 할지 모르겠어요. 111
Lesson 24 공부는 하면 할수록 어려운 것 같아. 127

Appendices

Vocabulary List 1: by lesson 144
Vocabulary List 2: in alphabetical order 156
Answer Key 168
Listening Script 174
English Translation 186

Preface

NEW GENERATION KOREAN series is designed for Korean language learners at the secondary and post-secondary education levels and for independent self-study adult learners. It is available in both paper and digital formats. The soft-cover book version is for users who prefer the traditional printed page, while the digital version accommodates the needs of tech-savvy learners and offers the benefits of a lower price, easy portability, and convenient access. In addition, the digital version features interactive practice questions, integrated multimedia, and diverse online resources. Along with the textbooks using the workbooks is highly recommended to practice and solidify the knowledge learned from the textbooks.

NEW GENERATION KOREAN series presents learning goals and best practices lessons developed by professors with extensive teaching experience in Canadian and Korean universities. The collaborative authors brought their expertise from the fields of Korean Education as a Second Language (KSL), Korean Education as a Foreign Language (KFL), and Educational Linguistics to the development of lessons that reflect a realistic use of the language relevant to learners in both secondary and post-secondary educational contexts.

The classroom-tested lessons in *NEW GENERATION KOREAN* series will guide students to effective and efficient learning of the Korean language and an appreciation of the Korean culture. We hope that *NEW GENERATION KOREAN* series will support the teaching and learning of the Korean language in a fun and effective way.

Components

NEW GENERATION KOREAN 3 consists of eight Lessons. It is recommended that 8-10 hours be devoted to each Lesson for a total of approximately 64-80 hours. Each Lesson contains the following components:

- ✓ Introduction
- ✓ Conversation 1
- ✓ Grammar Points
- ✓ Listening and Speaking 1
- ✓ Reading and Writing 1
- ✓ Conversation 2
- ✓ Grammar Points
- ✓ Listening and Speaking 2
- ✓ Reading and Writing 2
- ✓ Korean Culture
- ✓ Just for Fun

- **Introduction** Each Lesson begins with an introductory illustration, warm-up activities, and learning objectives.

- **Conversation** Each Lesson includes two sets of conversations in real-life settings. Each conversation provides a variety of key expressions, vocabulary, and grammar points that are necessary to communicate successfully in Korean. The accompanying practice section allows learners to practice exchanging experiences and ideas. Audio files are available to help learners practice listening, speaking, and pronunciation.

- **Grammar Points** Each Lesson provides six grammar points divided into two sections. Each grammar point includes concise explanations followed by one or two set(s) of practice questions. In the paper version, answer keys are provided at the end of the book. In the digital book version, learners can check the answer keys immediately after each question.

- **Listening and Speaking** Each Lesson contains two sets of listening and speaking sections. Each section presents one to three listening passages followed by comprehension questions. The subsequent speaking section offers learners an opportunity to apply the expressions and grammar points learned in the Lesson to a variety of communicative settings.

- **Reading and Writing** Each Lesson contains two sets of reading and writing sections. Each section has a reading passage through which learners develop skills to comprehend the passage and discover how the new vocabulary, expression and grammar points previously learned are used in the context. Each reading text is accompanied by comprehension questions. The section finishes with a writing task which helps learners develop written communication skills.

- **Korean Culture** At the end of each Lesson, students are provided with the opportunity to learn about Korean culture and to make a comparison to their own culture. Topics are relevant to each Lesson so that learners can expand their cultural knowledge in relation to what they learn during class.

- **Just for Fun** Some Lessons wind up with a fun activity related to Korean language or culture which helps learners develop sociolinguistic competence in the target language.

Characters

**김지영
(Jiyeong Kim)**
Korean teacher, Korean

**저스틴 아담스
(Justin Adams)**
1st year in university, Canadian

**비비안 첸
(Vivian Chen)**
2nd year in university, Chinese

**제니퍼 김
(Jennifer Kim)**
2nd year in university,
Korean-American

**모하메드 나세리
(Mohammed Naseri)**
3rd year in university, Iranian

**이민호
(Minho Lee)**
3rd year in university, Korean

**다니엘 슈미트
(Daniel Schmidt)**
4th year student, German

**마리아 산토스
(Maria Santos)**
Grade 11, Filipino

**토니 로빈스
(Tony Robbins)**
Grade 12, Australian

Lesson Table

Lesson	Topic	Function	Vocabulary	Grammar	Culture
17	아르바이트한 지 일주일 됐어요.	• Talking about part-time jobs • Having job interviews • Applying for part-time jobs	Part-time job	• -기는 -다/하다: Partial acknowledgment • -어도/아도: Even if, even though • -(으)ㄴ가요/나요?: Polite question • -(으)ㄴ 지 [time] 되다: It has been [time] since • -어/아 죽겠다: Exaggerated emotion/desire • -어/아 버리다: Completion of action	Part-time jobs for Korean college students
18	의사 선생님이 쉬라고 하셨어.	• Expressing symptoms at the hospital • Reporting others' speech • Talking about regrets on past actions	Sickness	• -거나: Alternative choice • -어/아 드리다: To do something for someone • -지 말다: Negative command/request • -다고: Indirect quotation I • -(으)라고, -냐고, -자고: Indirect quotation II • -(으)ㄹ 걸 그랬다: Expressing regrets	Healthcare in Korea
19	이사하느라고 바빴어요.	• Talking about moving • Understanding advertisements on houses • Conveying others' words	Moving, housing	• -느라고: Giving reason for negative consequence • -던: Recollection of memory • -는 길에: On the way to • -대요/래요: Contraction of indirect quotation • -게 되다: Expressing change of situation • -(으)ㄴ/는지 알다/모르다: Indirect question/statement	Housing and rental systems in Korea
20	한국에 간다면서?	• Talking about travel experience • Talking about travel preparation • Asking for & giving directions	Travel	• -다면서요/라면서요: Confirming the hearsay • -었었/았었: Double past tense marker • -더라고요: Information learned from experience • -다가: Transition from one action to another • -자마자: As soon as • -(으)ㄹ가/나 보다: Conjecture about the reason	Road trip in Korea
21	한국 드라마를 좋아하는 줄 몰랐어.	• Describing experience with Korean popular culture • Talking about supposition based on evidence • Expressing feelings about new findings	Popular culture and media	• -(으)ㄴ/는/(으)ㄹ 모양이다: Expressing conjecture • -(으)ㄴ/는 줄 몰랐다: Acknowledging unawareness of facts • -(으)ㄴ/는데도: Expressing contrast in situations • -(으)ㄹ 텐데: Expressing conjecture or expectation • -이/히/리/기: Passive verb suffixes • -구나/군(요): Expressing discovery and surprise	K-pop fandom
22	머리를 자연스럽게 해 주세요.	• Talking about hair styles and skin care • Constructing causative structures • Expressing speculation about uncertain events	Beauty and grooming	• -지(요): Providing expected information • -게 하다: Make someone/something ... • -이/히/리/기/우/구/추: Causative suffix • -(으)ㄹ 뻔하다: Expressing a narrow escape • -(으)ㄹ지도 모르다: Speculating about probability • -(으)ㄴ/는대로: As the same as, as soon as	Korean traditional clothes (한복)
23	무슨 선물을 줘야 할지 모르겠어요.	• Talking about customs and superstitions • Expressing uncertainty about future action • Describing shift of actions after completion	Customs and superstitions	• -어/아야지(요): Expressing obligation • -어/아야 할지 모르겠다: Expressing uncertainty about what to do • -는 바람에: Describing an incidental cause for negative results • -었/았다가: Shift of actions after completion • -(으)ㄴ/는 척하다: To pretend to do/be in a state • -기도 하다: Describing multiple states/alternative actions	Hahm delivery ceremony in Korean wedding customs
24	공부는 하면 할수록 어려운 것 같아.	• Describing a career path • Expressing continuing state of a completed action • Expressing concerns or fears	résumé, interview, personal statement	• -(으)ㄴ는 데다가: In addition to • -기 위해(서): In order to • -(으)면 -(으)ㄹ수록: The more ... the more • -(으)ㄹ까 봐(서): Expressing concerns or fears • -어/아 있다: Continuing state of a completed action • -다(가) 보면: If you keep doing something, then...	Improving résumé and personal statement

Lesson

아르바이트한 지 일주일 됐어요.

들어가기

Have you ever had any part-time jobs? What kinds of work have you done? How did you find your job? Did you use a mobile application? How many hours per week have you worked? Where are some usual places that people your age work part-time? Let's talk about work experience.

Learning Objectives

- ☑ Talking about part-time jobs
- ☑ Applying for part-time jobs
- ☑ Talking about passing of time

Vocabulary Part-time job

Grammar
-기는 -다/하다: Partial acknowledgment
-어도/아도: Even if, even though
-(으)ㄴ가요/나요?: Polite question
-(으)ㄴ 지 [time] 되다: It has been [time] since
-어/아 죽겠다: Exaggerated emotion/desire
-어/아 버리다: Completion of action

Korean Culture Part-time jobs for Korean college students

대화 1

모하메드   안녕하세요? 아르바이트생 구하는 광고 보고 왔습니다.
사 장 님   아, 그래요? 이력서 가지고 왔나요?
모하메드   네, 여기 있습니다.
사 장 님   예전에 아르바이트 한 적이 좀 있네요.
모하메드   네. 식당에서 서빙도 하고 마트에서도 일해 봤습니다.
사 장 님   편의점에서 일해 본 적은 없나요?
모하메드   이번이 처음입니다. 그래도 잘할 자신 있습니다.
사 장 님   그런데 학교 다니면서 일하면 바쁘지 않을까요?
모하메드   낮에는 바쁘지만 밤에는 시간이 됩니다.
사 장 님   마침 밤에 일할 사람을 찾고 있는데 잘됐네요. 밤에는 덜 바쁘기는 한데 좀 힘들 수도 있어요.
모하메드   힘들어도 괜찮습니다. 아직 젊어서 얼마든지 할 수 있습니다.
사 장 님   아무리 젊어도 무리하면 안 돼요. 그럼 다음 주 월요일부터 나오세요.
모하메드   네, 고맙습니다. 다음 주에 뵙겠습니다.

🖍 새로운 단어와 표현

- **아르바이트생** part-time worker
- **이력서** resume
- **덜** less
- **나오다** to start work
- **광고** advertisement
- **서빙** serving
- **젊다** to be young
- **사장** business owner
- **자신** confidence
- **무리하다** to strain oneself

❖ Practice the dialogue with the cue words.

A: 요즘 너무 _____ ⓐ _____ 어요/아요.
B: 아무리 _____ ⓐ _____ 어도/아도 그만두면 안 돼요.

ⓐ: 힘들다
　　어렵다
　　속상하다

문법 1 –기는 –다/하다: Partial acknowledgment

- 그 수업을 듣기는 들었는데 기억이 안 나.
- 민호는 한국 사람이기는 한데 김치를 안 좋아해요.
- 이 영화가 긴데 재미있기는 재미있어.

☐ 기억이 나다
   to remember
☐ 늘 always

- -기는 -다 or -기는 하다 is used when the speaker admits to the truth of an action or state with some reservation. It can be best translated as 'it is true that … (but).'
- The verb/adjective preceding -기는 is duplicated after –기는 as in the first example.
- [Verb/adjective]+다 can be replaced with 하다.
    재미있기는 <u>재미있다</u>. → 재미있기는 <u>하다</u>.
- -기는 can be shortened to -긴.

연습

1 Fill in the blanks with the most appropriate word using – 기는.

| 예쁘다 | 아프다 | 벌다 | 먹다 | 배우다 |

1) 돈을 _____ 버는데 늘 돈이 없어요.

2) 축구를 _____ 했는데 잘 못 해요.

3) 좀 _____ 하지만 학교에는 갈 수 있어요.

4) 김치를 _____ 먹는데 별로 좋아하지는 않아요.

5) 이 가방이 _____ 예쁘지만 너무 비싸서 못 살 것 같아요.

2 Complete the conversation using – 기는 한데.

1) A: 이 식당이 어때요? (맛있다)

   B: _____ 음식이 좀 매운 편이에요.

2) A: 한국어 배우기가 어때요? (어렵다)

   B: _____ 재미있어요.

3) A: 어머니 건강이 어떠세요? (건강한 편이시다)

   B: _____ 가끔 감기에 걸리세요.

문법 2 −어도/아도: Even if, even though

- 한국어가 어려워도 꼭 마스터할 거예요.
- 내일 비가 와도 여행을 갈 거예요.
- 돈이 아무리 많은 부자라도 늘 행복하지는 않아요.
- 아무리 많이 자도 매일 피곤해요.

☐ 헤어지다 to break up
☐ 마스터하다 to master
☐ 부자 rich person
☐ 졸리다 to feel sleepy
☐ 망하다 to be ruined

- The connective -어/아도 is used to express that the state or action in the second clause will occur regardless of the state or action in the first clause.
- The states or actions in the first clause are mostly suppositions. Note that the connective -지만 is used mostly for facts. (e.g. 내일 비가 오지만 여행을 갈 거예요.)
- It is translated as 'even if' or 'even though'.
- -(이)라도 or 이어도/여도 is attached to a noun.
- 아무리 can be added in front of a verb or adjective to emphasize the meaning. It is best translated as 'no matter how'.

연습

1 Fill in the blanks with the most appropriate word using −어도/아도.

| 자다 | 아프다 | 졸리다 | 먹다 | 많다 |

1) 일찍 _____ 늦게 일어나요.
2) _____ 수업 시간에 자면 안 돼요.
3) 일이 _____ 이번 주말에는 만나자.
4) 저는 많이 _____ 금방 배가 고파져요.
5) 예전에 한국 학생들은 아무리 _____ 학교에 갔어요.

2 Complete the conversations using −어도/아도.

1) A: 밤 11시인데 지금도 일하고 있어?
   B: 응, 아무리 _____ 일이 끝나지 않네.
2) A: 버스 타고 왔어?
   B: 아니, _____ 안 와서 택시 타고 왔어.
3) A: 시험 잘 봤어?
   B: 아니, 망했어. 나는 아무리 _____ 시험을 잘 못 봐.

문법 3 －(으)ㄴ가요/나요?: Polite question

- 한국 친구가 <u>많은가요</u>?
- 지금 밖에 눈이 <u>오나요</u>?
- 그 국이 <u>싱거웠나요</u>?

☐ 혹시 perhaps

- －(으)ㄴ가요/나요 is used to ask a question politely.
- Questions ending in －(으)ㄴ가요/나요 sound more cautious and less direct than questions ending in －어요/아요.
- －(으)ㄴ가요 is attached to an adjective stem and copula, while －나요 is attached to a verb stem and 있다/없다. Recently －나요 is frequently used for adjectives in colloquial speech (e.g., 어렵나요?).

	Adjective / copula	Verb / 있다
Present	－(으)ㄴ가요?	－나요?
Past	－었/았나요?	－었/았나요?
Future	－	－(으)ㄹ 건가요?

연습

1 Change the underlined words using －(으)ㄴ가요 or －나요.

1) 저를 <u>사랑해요</u>? → 저를 _____?
2) 지금 뉴욕에 <u>살아요</u>? → 지금 뉴욕에 _____?
3) 누나가 <u>대학생이에요</u>? → 누나가 _____?
4) 러시아가 아주 <u>커요</u>? → 러시아가 아주 _____?
5) 봄 방학 재미있게 <u>보내셨어요</u>? → 봄 방학 재미있게 _____?

2 Fill in the blanks with the most appropriate word using －(으)ㄴ가요 or －나요.

| 춥다 | 만들다 | 아니다 | 재미있다 |

1) 혹시 한국 사람 _____?
2) 한국어 수업이 _____?
3) 한국 겨울 날씨가 _____?
4) 올해 추석에도 송편을 _____?

듣기·말하기 1

☐ 지원하다 to apply
☐ 시급 hourly wage
☐ 등록금 tuition

1 대화를 듣고 질문에 답하세요.

1) 여자는 무슨 요일에 일하지 못합니까?
   ① 월요일　　　　　　② 수요일
   ③ 금요일　　　　　　④ 토요일

2) 여자는 무슨 아르바이트에 지원하려고 합니까?
   ① 미용실　　　　　　② 커피숍
   ③ 은행　　　　　　　④ 식당

3) 아르바이트 시급은 얼마입니까?
   ① 십이 불　　　　　　② 십사 불
   ③ 십육 불　　　　　　④ 십팔 불

4) 여자는 언제 인터뷰하러 갈 겁니까?
   ① 오늘 오후　　　　　② 오늘 밤
   ③ 내일 오전　　　　　④ 내일 오후

5) 여자는 인터뷰할 때 _____을/를 가지고 가야 합니다.

2 대화를 듣고 맞으면 T, 틀리면 F를 고르세요.

1) 남자는 주말에 일해야 합니다.　　　　　　(T / F)
2) 여자는 학교에서 장학금을 받습니다.　　　(T / F)
3) 여자는 돈을 벌어서 등록금을 내려고 합니다.　(T / F)
4) 남자는 일주일에 삼 일 일합니다.　　　　　(T / F)
5) 여자는 학교에서 일하고 싶어 합니다.　　　(T / F)

읽기·쓰기 1

1 광고를 보고 질문에 답하세요.

> **우리편의점에서 아르바이트생 구합니다**
>
> 시간   주중 오전(월–금): 8시–12시
>   주말 오후(토–일): 1시–11시
> 할 일 카운터 보기, 물건 정리하기, 청소하기
> 필요한 서류 이력서
> 지원 방법   이메일 (wuriconvi@naver.com), 방문
> 전화번호   010-2050-2000

- ☐ 카운터 counter
- ☐ 물건 thing, item
- ☐ 정리하다 to organize, arrange
- ☐ 서류 document
- ☐ 배달 delivery
- ☐ 오토바이 motorcycle
- ☐ 이후 after

1) 수요일에는 몇 시부터 몇 시까지 일해야 합니까?

   ① 오전 7:00–11:00   ② 오전 8:00–1:00
   ③ 오전 8:00–12:00   ④ 오후 1:00–11:00

2) 아르바이트생이 해야 할 일이 아닌 것은 무엇입니까?

   ① cashier   ② cleaning
   ③ organizing goods ④ delivery

2 저스틴이 쓴 글을 읽고 맞으면 T, 틀리면 F를 고르세요.

> 제 이름은 저스틴입니다. 한국어를 전공하는 대학생입니다. 저는 옷가게에서 1년 동안 아르바이트했습니다. 식당에서 서빙도 했습니다. 저는 꼬꼬치킨에서 배달 아르바이트를 하고 싶습니다. 오토바이를 운전할 수 있습니다. 학생이라서 좀 바쁘기는 한데, 매일 오후 7시 이후에는 일할 수 있습니다.

1) 배달 아르바이트를 하고 싶어 합니다.   (T / F)
2) 식당에서 일한 적이 있습니다.   (T / F)
3) 마트에서 아르바이트를 해 봤습니다.   (T / F)
4) 오토바이를 탈 줄 모릅니다.   (T / F)

대화 2

모하메드   무슨 고민 있어?
비비안   월세를 내야 되는데 돈을 다 써 버렸어.
모하메드   저런, 큰일 났네.
비비안   아르바이트 자리 알아보고 있는데 어디 좋은 데 없을까?
모하메드   학교 근처 커피숍은 어때?
비비안   거기서 알바생 구해?
모하메드   응, 그런 거 같아.
비비안   그래? 그럼 한번 지원해 봐야겠다. 너는 아르바이트 하니?
모하메드   나는 편의점에서 일한 지 일주일 됐어.
비비안   편의점 일은 좀 힘들지 않아? 시급도 적고.
모하메드   응, 밤에 일하니까 요즘 힘들어 죽겠어. 근데 낮에는 수업이 많아서 시간이 없거든.
비비안   그렇구나. 나중에 아르바이트 구하면 한턱낼게.
모하메드   잘됐으면 좋겠다.

새로운 단어와 표현

- 고민 worry
- 큰일 나다 to be in a big trouble
- 망가지다 to be broken
- 월세 monthly rent
- 자리 position
- 망치다 to ruin
- 저런 Oh, no!
- 한턱내다 to treat (to a meal)

❖ Practice the dialogue with the cue words.
  A: 무슨 고민 있어?
  B: _____ⓐ_____ 어/아 버렸어.

ⓐ: 휴대폰이 망가지다
    시험을 망치다
    남자 친구랑 헤어지다

문법 4   -(으)ㄴ 지 [time] 되다: It has been [time] since

- 한국어를 공부한 지 얼마나 됐어요?
- 밥을 먹은 지 한 시간밖에 안 됐어요.
- 아르바이트를 시작한 지 일주일 지났어요.

☐ 넘다 to exceed
☐ 마치 as if

- -(으)ㄴ 지 [time] 되다 is used to express how long it has been since an action or condition began.
- 되다 in this form may be replaced with 지나다.

연습

1 Complete the dialogue using -(으)ㄴ 지.

1) A: 캐나다에 _____ 얼마나 됐어요? (살다)
   B: 십오 년이나 됐어요.

2) A: 친구를 _____ 얼마나 됐어요? (기다리다)
   B: 오 분밖에 안 지났어요.

3) A: 부산으로 _____ 얼마나 됐어요? (이사하다)
   B: 벌써 십 년이 넘었어요.

4) A: 이 대학교에 _____ 얼마나 됐어요? (다니다)
   B: 삼 년 됐어요.

2 Fill in the blanks with the most appropriate word using -(으)ㄴ 지.

| 사다 | 일하다 | 오다 | 먹다 | 헤어지다 |

1) 독일에서 한국에 _____ 얼마나 됐어요?
2) 약 _____ 5시간 지나서 또 먹어야 해요.
3) 이 시계를 _____ 일주일밖에 안 됐는데 벌써 고장 났어요.
4) 여자 친구와 _____ 2년이나 됐는데 아직도 생각나요.
5) 이 회사에서 _____ 1년밖에 안 됐는데 마치 십 년은 된 거 같아요.

문법 5 –어/아(서) 죽겠다: Exaggerated emotion/desire

- 저녁을 많이 먹어서 배불러 죽겠다.
- 일을 많이 해서 피곤해 죽겠어요.
- 작년에 돌아가신 할머니가 보고 싶어 죽겠어요.

☐ 죽다 to die
☐ 짜증나다 to be annoyed
☐ 답답하다 to be frustrated
☐ 괴롭히다 to bother
☐ 통하다 to communicate
☐ 짖다 to bark
☐ 자동차 car

- -어/아 죽겠다 is used to emphasize or exaggerate the emotion or situation of the speaker. It means 'dying of.'
- -어/어(서) 죽겠다 generally attaches to an adjective but it sometimes attaches to a verb that expresses emotion.
  예) 내일 발표하는데 떨려 죽겠어. 이 영화가 웃겨 죽겠어.
- -고 싶어 죽겠다 is attached to a verb stem and means 'dying to [verb].'

⭐ 연습

1 Fill in the blanks with the most appropriate word using –어/아 죽겠어요.

졸리다   배고프다   아프다   시끄럽다   짜증나다   답답하다   귀엽다

1) 강아지가 _____.
2) 어제 손을 다쳐서 _____.
3) 동생이 괴롭혀서 _____.
4) 아침을 안 먹어서 _____.
5) 부모님하고 말이 안 통해서 _____.
6) 옆집 개가 너무 크게 짖어서 _____.
7) 어젯밤에 잠을 2시간밖에 못 자서 _____.

2 Fill in the blanks using –고 싶어 죽겠어요.

1) 자동차를 _____. 2) 배고파서 밥 _____.
3) 너무 피곤해서 _____. 4) 날씨가 좋아서 밖에 _____.
5) 땀을 많이 흘려서 물 _____.
6) 남자 친구 만나러 한국에 _____.

문법 6 　–어/아 버리다: Completion of action

- 용돈 받은 지 얼마 안 됐는데 돈을 다 써 버렸어요.
- 너무 늦게 공항에 도착해서 비행기를 놓쳐 버렸어요.
- 여행 가기 전에 숙제를 미리 끝내 버렸어요.

- ■ -어/아 버리다 is used to indicate the completion of an action.
- ■ It expresses the speaker's feeling about the completed action/event. The feeling can be either relief due to a removed burden or regret about an unwanted completion of an action/event.

☐ 용돈 pocket money
☐ 놓치다 to miss
☐ 잊다 to forget
☐ 비밀 secret
☐ 서다 to stop
☐ 지우다 to delete
☐ 늙다 to get old
☐ 실수 mistake
☐ 파일 file
☐ 쾅 bang

연습

1 Complete each sentence using –어/아 버렸어요.

1) 친구 생일을 _____. (잊다)
2) 컴퓨터가 _____. (고장 나다)
3) 남자친구의 비밀을 _____. (알다)
4) 길에서 차가 고장이 나서 _____. (서다)
5) 내가 좋아하는 드라마가 _____. (끝나다)
6) 날씨가 더워서 머리를 짧게 _____. (자르다)
7) 내가 만든 미역국을 동생이 다 _____. (먹다)

2 Fill in the blanks with the most appropriate word in the box, using –어/아 버렸어요.

| 걸리다 | 가다 | 풀다 | 닫다 | 지우다 | 죽다 |

1) 우리 집 개가 늙어서 _____.
2) 실수로 컴퓨터 파일을 _____.
3) 친구가 화가 나서 문을 쾅 _____.
4) 큰 소리로 노래를 불러서 스트레스를 _____.
5) 제 가장 친한 친구가 한국으로 유학을 _____.
6) 추운데 옷을 얇게 입고 나가서 감기에 _____.

듣기·말하기 2

1 대화를 듣고 질문에 답하세요.

1) 다니엘은 왜 숙제를 내지 못했어요?
   ① 감기에 걸려서 아팠어요.
   ② 아르바이트 때문에 바빴어요.
   ③ 시험공부 때문에 바빴어요.
   ④ 친구가 와서 시간이 없었어요.

2) 다니엘은 무슨 아르바이트를 해요?
   ① 서빙   ② 편의점
   ③ 배달   ④ 식당

3) 다니엘은 하루에 몇 시간 일했어요?
   ① 네 시간   ② 다섯 시간
   ③ 여섯 시간   ④ 여덟 시간

> ☐ 알바비 pay from part-time job
> ☐ 웹사이트 website
> ☐ 신문 newspaper
> ☐ 응원 cheer
> ☐ 구독 subscription

2 다음 이야기를 듣고 답을 고르세요.

1) 비비안은 알바비를 받은 지 (일주일 / 이 주일 / 한 달)밖에 안 됐는데 돈을 다 썼어요.
2) 비비안은 (웹사이트 / 앱 / 신문)에서 아르바이트 자리를 찾았어요.
3) 비비안은 내일 (극장 / 커피숍 / 식당)에 갈 거예요.
4) 비비안은 내일 (지원하러 / 인터뷰하러 / 아르바이트하러) 갈 거예요.
5) 비비안을 응원하려면 (후기 / 구독 / 광고)을/를 누르면 돼요.

3 '-어/아 죽겠다'를 써서 질문에 답하세요.

1) 겨울 날씨는 어때요? _____

2) 요즘 어떻게 지내요? _____

읽기·쓰기 2

1 이메일을 읽고 질문에 답하세요.

```
New Email
받는 사람: s.resto@gmail.com
보내는 사람: mh.lee@naver.com
제목: 아르바이트 지원
```

□ 제목 title
□ 주방 kitchen
□ –에 대해서 about
□ 답장 reply
□ 알맞다 to be appropriate

서울식당 사장님께,
　안녕하세요? 저는 이민호입니다. 캐나다에서 ㉠_____ 오 년 정도 됐습니다. 지금은 대학에서 요리를 전공하고 있습니다. 서울식당에서 주방 아르바이트를 하고 싶어서 연락을 드립니다. 저는 작년에 일 년 동안 중국 식당에서 아르바이트를 한 경험이 있습니다. 한국 사람이라서 한국 음식에 대해서도 잘 알고 한국 요리도 좀 하는 편입니다. 저는 열심히 일할 자신이 있습니다. 이력서를 같이 보냅니다. 그럼 답장 기다리겠습니다.
　　　　　　　　　　　　　　　　　　　　　　　　　　　이민호 올림

1) 민호가 이 편지를 쓴 이유는 무엇입니까?
　① 일을 그만두려고　　　　　　② 아르바이트에 지원하려고
　③ 사장님께 인사하려고　　　　④ 일자리를 광고하려고

2) ㉠에 들어갈 가장 알맞은 말은 무엇입니까?
　① 지낸 지　　② 돌아간 지　　③ 간 지　　④ 여행한 지

3) 다음 중 맞는 것은 무엇입니까?
　① 민호는 대학에서 음악을 전공합니다.
　② 민호는 주방 아르바이트를 하고 싶어 합니다.
　③ 민호는 중국 식당에 지원하려고 이메일을 씁니다.
　④ 민호는 작년에 한국 식당에서 아르바이트했습니다.

2 '-(으)ㄴ 지'를 써서 질문에 답하세요.

1) A: 한국어를 공부한 지 얼마나 됐어요?
　　B: _____.

2) A: 지금 사는 곳에 산 지 얼마나 됐어요?
　　B: _____.

한국 문화

Part-time Jobs for Korean College Students

It is very common for Korean university students to have a part-time job, which is called 아르바이트 (알바 in its shortened term). According to a 2018 survey, 35% of the university students answered that they always have a part-time job, 22% worked only during the school breaks, and 43% said they worked on-demand. Their reasons for working part-time included to earn pocket money, to save up money for purchasing goods, to have work experiences, to save up for tuition, etc. The most common types of 알바 include serving at a restaurant/cafe/bar, sales rep job at a store, office assistant, delivery, and tutoring. Average hours of work during the school terms ranged from 4 to 6 hours per day while the hours during the school breaks ranges from 6 to 8 hours. The average number of 알바 per year that individual students had was about 3. The average yearly earnings were around US $6,000.

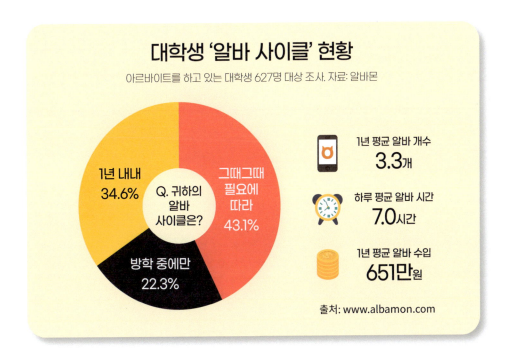

Abbreviations in Korean Texting

※ Koreans use a lot of abbreviations in texting. These are some basic ones.

ㅈㅅ: 죄송
ㅋㅋ: 크크 (giggling)
ㅎㅎ: 하하 (laughter)
ㅇㄷ: 어디
ㅁㄹ: 몰라
ㄱㅅ: 감사
ㅇ?: 왜?
ㄷㄷ: 덜덜 (when overwhelmed)
ㅃㄹ: 빨리
ㄹㅇ: 레알 (real)
ㄱㄷ: 기달 (기다려)

※ Guess what the following abbreviations mean.

ㅇㅋ • • yes

ㄴㄴ • • bye

ㅎㅇ • • okay

ㅂㅂ • • no

ㅇㅇ • • hi

ㄱㄱ • • go go

Lesson 18

의사 선생님이 쉬라고 하셨어.

들어가기

When do you go to see a doctor? What processes do you need to go through to see a doctor? What do you do when you have a cold? What are the good habits to have in order to prevent yourself from getting sick? Do you have any home remedies for a speedy recovery? Let's talk about tips for a healthy life!

Learning Objectives

- ☑ Expressing symptoms at the hospital
- ☑ Reporting others' speech
- ☑ Talking about regrets on past actions

Vocabulary	Sickness
Grammar	-거나: Alternative choice
	-어/아 드리다: To do something for someone
	-지 말다: Negative command/request
	-다고: Indirect quotation I
	-(으)라고, -냐고, -자고: Indirect quotation II
	-(으)ㄹ 걸 그랬다: Expressing regrets
Korean Culture	Healthcare in Korea

대화 1

의 사 어디가 아파서 오셨어요?
민 호 목이 좀 부은 것 같아요. 두통도 좀 있어요.
의 사 기침을 하거나 콧물이 나지 않으세요?
민 호 콧물은 안 나는데 기침은 해요.
의 사 언제부터 그러셨어요?
민 호 일주일 정도 됐어요.
의 사 체온 좀 재 볼게요. 열도 좀 있으시네요. 요즘 유행하는 감기인 것 같습니다.
민 호 그럼 어떻게 해야 하나요?
의 사 약 처방해 드릴게요. 하루에 세 번 식사 후에 드세요.
민 호 약을 얼마 동안 먹어야 되나요?
의 사 일단 3일 동안 드셔 보세요. 따뜻한 물 많이 드시고 푹 쉬면 나을 거예요. 그리고 당분간 차가운 음식이나 술은 드시지 마세요.
민 호 네, 알겠습니다.

새로운 단어와 표현

- 목 throat, neck
- 붓다 to become swollen
- 두통 headache
- 콧물이 나다 to have a runny nose
- 체온 body temperature
- 재다 to measure, take
- 열 fever
- 유행하다 to go viral
- 처방하다 to prescribe
- 식사 meal
- 일단 for now
- 푹 fully
- 낫다 to get better, recover
- 당분간 for a while

❖ Practice the dialogue with the cue words.

A: ____ⓐ____ 거나 ____ⓑ____ 지 않으세요?
B: ____ⓐ____ 는데 ____ⓑ____ 지 않아요.

ⓐ: 기침을 하다	ⓑ: 열이 나다
콧물이 나다	목이 아프다
두통이 있다	기침을 하다

문법 1 –거나: Alternative choice

- 목이 아프면 생강차를 <u>마시거나</u> 사탕을 먹어 봐.
- A: 제니퍼 씨는 보통 어디서 공부하세요?
  B: 도서관<u>이나</u> 커피숍에서 공부해요.
- 비가 <u>오거나</u> 눈이 <u>오거나</u> 상관없이 학교에 갈 겁니다.

- ☐ 생강 ginger
- ☐ 상관없이 regardless
- ☐ 복습하다 to review

- -거나 and -(이)나 are used to make a disjunctive choice, which means 'or' in English.
- -거나 is attached to a verb or adjective stem while -(이)나 is attached to a noun.
- When –거나 is used multiple times in a sentence, it means the choices make no difference to the speaker.

연습

1 Answer the questions using –거나/(이)나.

1) A: 여자 친구 생일에 뭐 사 줄 거예요?
   B: _____를 사 줄 거예요. (꽃, 귀걸이)

2) A: 스트레스 받으면 어떻게 하세요?
   B: _____. (음악을 듣다, 친구를 만나다)

3) A: 혼자서 한국어를 공부할 때 어떻게 하세요?
   B: _____. (유튜브를 보다, 교과서를 복습하다)

2 Talk with your classmates using –거나/(이)나.

> 예
> A: 학생들이 주로 어디에서 아르바이트를 많이 해?
> B: 커피숍<u>이나</u> 편의점에서 해.

1) A: 주말에 주로 뭐 해?
   B: _____.

2) A: 수업 시간에 졸리면 어떻게 해?
   B: _____.

3) A: 친구하고 주로 어디에서 만나?
   B: _____.

문법 2 –어/아 드리다: To do something for someone

- 민지가 어머니께 꽃을 사 드렸어요.
- A: 고기 잘라 드릴까요?
  B: 네, 잘라 주세요.
- A: 교과서 좀 빌려 주시겠어요?
  B: 네, 빌려 드릴게요.

- ☐ 상자 box
- ☐ 들다 to carry
- ☐ 기사 driver

- -어/아 드리다, the humble form of -어/아 주다, is used when the subject of the sentence offers help or service to a person older in age and/or higher in social status.
- It is often used in the forms of -어/아 드릴까요? ('Would you like me to do ... for you?') or -어/아 드릴게요 ('I will do ... for you.').
- Note that -어/아 주시다 is used when the help is provided by someone older in age and/or higher in social status.

⭐ 연습

1 Choose the most appropriate expression for the blanks.

1)

A: 창문을 _____?
B: 네, 닫아 주세요.

① 닫아 드릴까요
② 열어 드릴까요
③ 닫아 주시겠어요

2)

A: 상자를 _____?
B: 아니요, 괜찮아요.

① 들어 주실까요
② 들어 드릴까요
③ 들어 주시겠어요

2 Choose the most appropriate word to complete the conversations.

1) 택시 기사: 손님, 어디에 (세워 드릴까요 / 세워 주시겠어요 / 세우세요)?
   손님: 여기서 (세워 주세요 / 세워 드릴게요 / 세워 드리세요).

2) 점원: 무엇을 (도와줄까요 / 도와 드릴까요 / 도와주시겠어요)?
   손님: 반바지 있어요?
   점원: 무슨 색으로 (보여 주세요 / 보여 드릴까요 / 보여 주실래요)?
   손님: 까만색으로 (보여 주세요 / 보여 드릴까요 / 보여 드릴게요).

Lesson 18 의사 선생님이 쉬라고 하셨어.

문법 3   –지 말다: Negative command/request

- 시험을 못 봐도 너무 걱정하지 말아요.
- 수업 시간에 휴대폰 쓰지 마세요.
- 택시 타지 말고 지하철로 가세요.

- □ 귀 ear
- □ 앞머리 bangs
- □ 어울리다 to suit, fit

- -지 말다 is attached to a verb stem and is used for a negative command or request.
- -지 마세요 is the honorific form of –지 말다, which can be translated as 'Please do not ...' in English.
- When it is used as –지 말고 -(으)세요, it means 'Don't do A but do B.'

연습

1 Choose the correct answer for the blanks.

1) 내일은 많이 걸어야 하니까 하이힐을 _____.
   ① 신지 마세요   ② 입지 마세요   ③ 쓰지 마세요

2) 친구랑 노는 게 아무리 재미있어도 너무 늦게까지 밖에서 _____.
   ① 지내지 마세요   ② 살지 마세요   ③ 놀지 마세요

3) 음악을 너무 크게 _____. 귀에 안 좋아요.
   ① 들지 마세요   ② 듣지 마세요   ③ 불지 마세요

4) 시간이 없으니까 스파게티는 _____ 하나 시켜.
   ① 찌지 말고   ② 만들지 말고   ③ 익히지 말고

5) 앞머리 _____. 너한테 별로 안 어울릴 것 같아.
   ① 길지 마   ② 만들지 마   ③ 자르지 마

2 What are the things that you are not supposed to do when you get sick? Talk with your classmates using –지 말다, as in the example.

> 예   A: 감기에 걸렸어요.
>   B: 그럼 밖에 나가지 마세요.

듣기·말하기 1

1 대화를 듣고 질문에 답하세요.

> □ 동전 coin
> □ 곡 song, counting unit for song
> □ 어버이날 Parents' Day
> □ 카네이션 carnation

1) 모하메드는 프로젝트로 뭐를 만들 겁니까?
   ① 영화   ② 뮤직비디오
   ③ 댄스 비디오   ④ 웹툰

2) 모하메드는 뮤직비디오에서 무엇을 하기로 했습니까?
   ① 노래하기   ② 춤 추기
   ③ 노래 정하기   ④ 비디오 찍기

3) 맞으면 T, 틀리면 F를 고르세요.
   ① 모하메드는 아는 노래가 별로 없다.   (T / F)
   ② 제니퍼는 뮤직비디오 만들 노래를 골랐다.   (T / F)
   ③ 모하메드는 혼자 뮤직비디오를 만들기로 했다.   (T / F)

2 동전 노래방에 대한 이야기를 듣고 맞으면 T, 틀리면 F를 고르세요.

1) 한 시간에 오백 원이 듭니다.   (T / F)
2) 여러 사람이 들어가는 큰 방이 많습니다.   (T / F)
3) 노래를 두세 곡 정도 부르고 싶을 때 가면 좋습니다.   (T / F)
4) 혼자 노래하고 싶은 사람들한테 추천합니다.   (T / F)

3 특별한 날에 부모님께 드린 선물에 대해서 이야기해 보세요. (예: 어버이날, 생신)

| 예 | A: 나는 작년 어버이날에 카네이션을 사 드렸어.
B: 나는 엄마 생신에 미역국을 끓여 드렸어. |

Lesson 18 의사 선생님이 쉬라고 하셨어. 35

읽기·쓰기 1

1 글을 읽고 질문에 답하세요.

> 저는 어릴 때 몸이 약했습니다. 조금만 밖에 있어도 재채기를 하고 금방 열이 났습니다. 그래서 약도 많이 먹고 주사도 자주 맞았습니다. 어느 날 의사 선생님께서 저한테 말했습니다.
>
> "지호야, 주사 맞는 게 싫지? 그럼 너무 집에만 있지 말고 운동을 해 보는 게 어때? 수영이나 축구를 해 보면 좋을 것 같아."
>
> 그런데 수영장은 집에서 가까웠지만 축구장은 멀었습니다. 엄마가 말했습니다.
>
> "_____㉠_____ 수영을 배워 보자."
>
> 그래서 저는 집 근처 수영장에 다니기 시작했습니다. 수영을 시작하고 나서 많이 건강해졌습니다. 지금도 저한테 운동을 추천해 주신 의사 선생님이 늘 고맙습니다.

- ☐ 어리다 to be young
- ☐ 약하다 to be weak
- ☐ 재채기 sneeze
- ☐ 주사를 맞다 to get a shot, jab
- ☐ 어느 날 one day
- ☐ 싫다 to dislike
- ☐ 지금도 even now
- ☐ 이유 reason
- ☐ 문법 grammar

1) 다음 중 지호에 대해서 맞는 것은 무엇입니까?
   ① 어릴 때부터 지금까지 계속 몸이 약합니다.
   ② 어릴 때 수영과 축구를 배웠습니다.
   ③ 운동을 하고 나서 몸이 좋아졌습니다.
   ④ 지금도 가끔 아파서 병원에 다닙니다.

2) ㉠에 들어갈 말은 무엇입니까?
   ① 축구하지 말고
   ② 축구하지 마세요
   ③ 축구하지 말까
   ④ 축구하지 말거나

3) 이 글에 알맞은 제목은 무엇입니까?
   ① 운동을 잘하는 방법
   ② 주사를 안 맞는 방법
   ③ 병원에 가는 이유
   ④ 내가 건강해진 이유

2 '-어/아 드리다'를 써서 대화를 만들어 보세요.

| 예 | A: 오늘 지갑을 안 가져 왔어요.
B: 제가 점심 <u>사 드릴게요</u>. |

1) A: 떡볶이 먹고 싶어요.
   B: _____.

2) A: 한국어 문법이 어려워요.
   B: _____.

대화 2

의사 선생님이 푹 쉬라고 하셨어.

빨리 나으면 좋겠다.

민 호 여보세요.
제니퍼 민호야, 잘 있었어? 너 요즘 왜 학교에 안 나왔어?
민 호 몸이 안 좋아서 며칠 동안 학교에 못 갔어.
제니퍼 어떡해? 병원에는 가 봤어?
민 호 응, 의사 선생님이 감기니까 약 먹고 푹 쉬라고 하셨어.
제니퍼 어머, 이번 감기 독하다고 들었는데 괜찮아?
민 호 응, 약 먹고 나서 많이 좋아졌어. 빨리 병원에 가 볼 걸 그랬어.
제니퍼 다행이다. 너 요즘 많이 바쁜 것 같아서 일부러 연락도 안 했는데. 더 일찍 전화해 볼 걸.
민 호 괜찮아. 너도 요즘 바쁘잖아.
제니퍼 빨리 나으면 좋겠다. 필요한 거 있으면 언제든지 말해.
민 호 그래, 그럴게. 전화해 줘서 고마워.
제니퍼 아니야, 몸조리 잘해. 또 연락할게.
민 호 그래, 고마워.

새로운 단어와 표현

- **몸이 안 좋다** not to feel well
- **며칠** several days
- **독하다** to be severe
- **몸조리하다** to take care of one's health

❖ Practice the dialogue with the cue words.

A: 내일 ___ⓐ___ (으)ㄹ 수 있어?
B: 미안. 나 감기 걸렸어. 의사 선생님이 ___ⓑ___ (으)라고 하셨어.

ⓐ: 테니스 치다   ⓑ: 운동하지 말다
　　이사를 도와주다　　집에 있다
　　등산하러 가다　　밖에 나가지 말다

Lesson 18 의사 선생님이 쉬라고 하셨어. 37

문법 4 —다고: Indirect quotation I

- 수진이가 학교생활이 즐겁다고 해.
- 다니엘이 다음 달에 독일에 돌아간다고 해요.
- 내일은 날씨가 좀 따뜻해질 거라고 들었어요.
- 지민이는 경제학을 전공했다고 들었어.

☐ 주인공 main character
☐ 고향 hometown
☐ 베를린 Berlin

- -다고 and -(이)라고 are used to quote someone else's statement without using the exact words of the original speaker.
- -다고 is attached to an adjective stem and 있다/없다.
- -ㄴ/는다고 is attached to verb stems. Consonant-ending stems take –는다고 while vowel-ending stems take -ㄴ다고.
- -라고 is used to quote sentences that end in 이에요/예요.
- For the past tense, -었/았다고 is used.

	Past	Present	Future
Adjective	작았다고	작다고	작을 거라고
Verb	먹었다고, 갔다고	먹는다고, 간다고	먹을 거라고, 갈 거라고
Copula	학생이었다고	학생이라고	학생일 거라고

⭐ 연습

1 Change the statements into quoted speech.

1) 민호: 감기 때문에 많이 아파요.

   → 민호가 감기 때문이 많이 _____ 했어요.

2) 지수: 그 영화 주인공들이 다 죽었어요.

   → 지수가 그 영화 주인공들이 다 _____ 했어요.

3) 다니엘: 제 고향은 베를린이에요.

   → 다니엘 고향이 _____ 들었어요.

2 Provide a quote from a famous person and change it into quoted speech.

예	스티브 잡스: 누구든지 가끔은 실수할 때가 있어요. → 스티브 잡스가 누구든지 가끔은 실수할 때가 있다고 했어요.

_____ : _____ .

→ _____ 고 했어요.

문법 5 -(으)라고, -냐고, -자고: Indirect quotation II

- 의사 선생님이 당장 담배를 끊으라고 하셨어요.
- 룸메이트가 언제 오냐고 물었어요.
- 친구가 운동을 같이 하자고 했어.

☐ 당장 right away
☐ 끊다 to quit
☐ 묻다 to ask

- -(으)라고 is used to quote a command or a request. -지 말라고 is used when the original speech is in the negative form.
- A request ending in 주다 becomes 달라고 if the person asking for a favor is the same person who will be receiving the favor. If the favor is for another person, then 주라고 is used.
  동생이 나한테 옷을 사 달라고 했어요.
  엄마가 나한테 동생 옷을 사 주라고 했어요.
- -냐고 is used to quote a question. -느냐고 can also be used with a verb, but rarely used in the contemporary spoken Korean.
- -자고 is used to quote a suggestion.

연습

1 Change the sentences into quoted speech.

1) 유민: 머리가 아프면 약을 먹어.
   → 유민이가 머리가 아프면 약을 _____ 했어요.

2) 민호: 수업 끝나고 같이 밥 먹자.
   → 민호가 수업 끝나고 같이 _____ 했어요.

3) 제니: 오늘 날씨가 추워?
   → 제니가 오늘 날씨가 _____ 물었어요.

4) 준수: 나 커피 한 잔만 사 줘.
   → 준수가 커피 한 잔만 _____ 했어요.

2 Complete the sentences using indirect quotation -(으)라고, -냐고, or -자고.

예 엄마가 주말에 외식하자고 하셨어요.

1) 선생님께서 _____.
2) 아버지께서 자기 전에 꼭 _____.
3) 어머니께서 아무리 바빠도 _____.

문법 6 -(으)ㄹ 걸 그랬다: Expressing regrets

- 그 영화 재미있다고 들었는데 나도 같이 볼 걸 그랬다.
- 할머니께서 살아 계실 때 잘해 드릴 걸 그랬어.
- 어젯밤에 라면을 먹지 말 걸 그랬어. 얼굴이 너무 부었어.
- 더 일찍 일어날걸. 수업에 늦을 것 같아.

☐ 잘해 주다 to be nice to (someone)
☐ 얼굴 face
☐ 반팔 short-sleeved (top)
☐ 갑자기 suddenly

- -(으)ㄹ 걸 그랬다 expresses the speaker's regret about the past action. 그랬다 replaces the action that the speaker regrets and it can be omitted.
- It can be best translated as "I/we should have done…"
- For the past action that the speaker should not have done, -지 말 걸 그랬다 or 안 -(으)ㄹ 걸 그랬다 is used.

연습

1 Choose the most appropriate expression for the blanks.

1) 오늘 날씨가 덥네. _____.

   ① 반팔을 입을걸   ② 옷을 두껍게 입을걸   ③ 운동화를 신을걸   ④ 장갑을 낄걸

2) 친구랑 캠핑 갔는데 갑자기 비가 왔어요. _____.

   ① 여행갈 걸 그랬어요   ② 가지 말 걸 그랬어요
   ③ 우산 쓰지 말 걸 그랬어요   ④ 운전이나 할 걸 그랬어요

3) 차가 막혀서 약속에 늦을 것 같아요. 집에서 _____.

   ① 돌아갈 걸 그랬어요   ② 찾아올 걸 그랬어요
   ③ 일찍 나올 걸 그랬어요   ④ 올라가지 말 걸 그랬어요

2 Fill in the blanks using -(으)ㄹ 걸 그랬어요.

1) 치마가 짧아서 불편하네요. 바지를 _____.
2) 오늘 아침에 늦게 일어났어요. 어제 일찍 _____.
3) 이번 시험은 망친 것 같아요. 공부를 더 열심히 _____.
4) 새 구두를 신어서 발이 너무 아파요. 운동화를 _____.
5) 아까 점심을 먹었는데 또 배고파요. 점심을 많이 _____.

듣기·말하기 2

1 대화를 듣고 질문에 답하세요.

> 📝
> ☐ 생기다 to open
> ☐ 과일 fruit
> ☐ 환자 patient
> ☐ 간호사 nurse
> ☐ 약사 pharmacist
> ☐ 소화가 안 되다
>   to have indigestion
> ☐ 과식하다 to overeat
> ☐ 후회하다 to regret

1) 남자는 왜 여자한테 마트에 대해서 이야기합니까?

　① To inform about the event
　② To inquire about the store hours
　③ To explain the location
　④ To confirm the appointment

2) 맞으면 T, 틀리면 F를 고르세요.

　① 회사 근처 마트는 생긴 지 오래되었습니다. (T / F)
　② 마트에서 이번 주말에 2시부터 3시까지 세일을 합니다. (T / F)
　③ 두 사람은 만나서 같이 쇼핑하러 갈 겁니다. (T / F)

3) 대화를 듣고 알맞은 말을 넣으세요.

> 남자는 ＿＿＿＿＿＿＿＿(이)나 과일을 사겠다고 했어요. 그리고 세일하면 여자는 ＿＿＿＿＿＿＿＿을/를 살 거라고 했어요.

2 대화를 듣고 질문에 답하세요.

1) 두 사람은 어떤 사이입니까?

　① 의사와 환자　　② 의사와 간호사　　③ 약사와 환자　　④ 의사와 약사

2) 대화를 듣고 알맞은 말을 넣으세요.

> 남자가 어디가 ＿＿＿＿＿＿＿고 물었어요. 여자는 배가 ＿＿＿＿＿＿ 소화가 안 된다고 했어요. 남자는 여자가 과식한 것 같다고 했어요.

3 여러분은 후회하는 일이 있어요? '-(으)ㄹ 걸 그랬다'를 써서 이야기해 보세요.

> 예　부모님께 맛있는 요리를 한번 해 <u>드릴 걸 그랬어</u>.

읽기·쓰기 2

1 글을 읽고 질문에 답하세요.

우리 언니는 피부가 좀 약합니다. 그래서 가게에서 파는 화장품을 쓰면 얼굴이 가렵다고 했습니다. 그래서 저는 유튜브를 보고 직접 화장품을 만들어 봤습니다. 올리브유로 만들었는데 만드는 방법도 생각보다 어렵지 않았습니다. 제가 만든 화장품을 써 본 언니는 피부가 좋아졌다고 기뻐했습니다. 가게에서 파는 화장품처럼 가렵지 않다고 했습니다. 그 후로 저한테 계속 화장품을 ㉠_____ 합니다. 언니가 좋다고 하니까 저도 _____㉡_____.

☐ 피부 skin
☐ 화장품 cosmetics
☐ 가렵다 to be itchy
☐ 직접 firsthand
☐ 올리브유 olive oil
☐ -처럼 like
☐ 뿌듯하다 to be proud
☐ 약국 pharmacy

1) 다음 중 맞는 것은 무엇입니까?

　① 화장품을 직접 만드는 것이 어렵습니다.
　② 언니는 인터넷으로 올리브유를 삽니다.
　③ 언니는 화장품 만드는 법을 배웠습니다.
　④ 직접 만든 화장품이 언니 피부에 잘 맞습니다.

2) ㉠에 들어갈 말은 무엇입니까?

　① 도와주라고　　　　② 도와 달라고
　③ 만들어 달라고　　　④ 만들어 주라고

3) ㉡에 알맞은 말은 무엇입니까?

　① 걱정이 됩니다　　　② 뿌듯합니다
　③ 불편합니다　　　　④ 떨립니다

2 그림을 보고 알맞은 말을 넣으세요.

스미스 씨는 2월 15일에 건강약국에서 약을 사 왔습니다. 이 약은 하루에 _____ 먹어야 합니다. 약사가 아침과 저녁 식사를 하고 나서 30분 후에 약을 _____고 했습니다. 점심 식사 후에는 약을 _____고 했습니다.

한국 문화

Healthcare in Korea

If you get sick or hurt during a visit to Korea, don't worry because your experience with the Korean healthcare system will be exceptional. Clinics and hospitals are accessible to residents and non-residents alike. There are a number of clinics even in a small town that you can simply walk into for medical care. It usually takes about thirty minutes, including the wait time, to meet with the doctor, get a prescription, and make a payment. Of course, you can check out the clinic's website and book an appointment to avoid the wait time. Another strong point of Korean medical service is its low cost, especially if you are enrolled for National Health Insurance (NHI). All Korean citizens, as well as foreigners who reside in Korea for more than six months, are required to register for NHI. Short-term visitors without NHI do not pay more than $10 for minor conditions, like an infection or abrasion.

Some tourists visit Korea for the excellent medical service. In fact, Korea is one of the most popular destinations for medical tourism. According to a survey by the Korea Health Industry Development Institute, 93% of the medical tourists said that they would revisit Korea for medical care and 95% said they would recommend Korea for medical tourism to others.

Konglish

While a number of English loanwords have been borrowed into many languages, some words are newly coined by the local people who are not native speakers of English. Such novel "English" words used in Korea are called "Konglish (Korean + English)", as exemplified below. Guess the English word for each Konglish expression.

Korean example	Literal translation	English expression or meaning
더치페이하자.	Let's **do dutch pay**.	pay one's own way
오픈카 빌렸어.	I rented an **open** car.	
백미러가 망가졌어.	A **back mirror** is broken.	
비닐봉지에 넣어 주세요.	Please put it in the **vinyl** bag.	
아이쇼핑이나 하러 갈래.	I'm going for **eye-shopping**.	
이건 서비스예요.	This is **service**.	on the house
컨닝하지 마세요.	Do not do **cunning**.	
셀카 찍자.	Let's take a **sel-ca**.	
오바이트 할 것 같아.	I think I'm gonna **overeat**.	
스펙 쌓기 어렵다.	It's hard to earn **spec**.	qualification
걘 내 스타일 아니야.	S/he is not my **style**.	

아이쇼핑하러 가자.

We go shopping for eyes?

Lesson
19

이사하느라고 바빴어요.

들어가기

Do you prefer to live in an apartment or house? What do you consider when you are choosing a place to move into? What kind of gift would you give when a friend moves into a new house? Let's talk about moving into a new house or going to a housewarming party.

Learning Objectives

- ☑ Talking about moving
- ☑ Understanding advertisements on houses
- ☑ Conveying others' words

Vocabulary Moving, housing

Grammar
-느라고: Giving reason for negative consequence
-던: Recollection of memory
-는 길에: On the way to
-대요/래요: Contraction of indirect quotation
-게 되다: Expressing change of situation
-(으)ㄴ/는지 알다/모르다: Indirect question/statement

Korean Culture Housing and rental systems in Korea

대화 1

제니퍼, 오랜만이다. 어떻게 지냈어?

요새 이사하느라고 좀 바빴어요.

다니엘 제니퍼, 오래간만이다. 어떻게 지냈어?
제니퍼 잘 지냈어요, 선배. 요새 이사하느라고 좀 바빴어요.
다니엘 그래? 지난번에 살던 집도 괜찮았잖아.
제니퍼 집은 밝고 조용했는데 교통이 좀 불편했어요. 학교에서 가까운 데서 살고 싶어서 이사했어요.
다니엘 아, 그래? 지금 이사한 집은 마음에 들어?
제니퍼 네, 깨끗하고 학교에 걸어 다닐 수 있어서 좋아요. 길 건너에 편의점하고 식당도 있고요.
다니엘 다행이네. 이삿짐은 다 정리했어?
제니퍼 네, 정리는 거의 다 끝났어요. 옷장만 하나 사면 돼요.
다니엘 이사하느라고 고생했겠다.
제니퍼 집이 학교에서 가까우니까 한번 놀러 오세요.
다니엘 그래, 학교에 가는 길에 한번 들를게. 다음에 보자.

새로운 단어와 표현

- 오래간만/오랜만 in a long time
- 밝다 to be bright
- 교통 traffic
- 이삿짐 goods to be moved
- 거의 almost
- 옷장 closet
- 고생하다 to have a hard time
- 들르다 to drop by
- 데이트하다 to have a date

 Practice the dialogue with the cue words.

A: 요새 좀 _____ⓐ_____ 어/아 보이네요.
B: 네, _____ⓑ_____ 느라고 좀 _____ⓐ_____ 어/아요.

ⓐ: 바쁘다 ⓑ: 데이트하다
　　힘들다　　아르바이트하다
　　피곤하다　발표 준비하다

Lesson 19 이사하느라고 바빴어요.

문법 1   -느라고: Giving a reason for negative consequence

- 요새 시험 공부하느라고 바빠요.
- 병원에 다녀오느라고 수업에 늦었어요.
- A: 어제 왜 전화 안 받았어요?
  B: 미안해요. 어제 축구 보느라고 전화 소리를 못 들었어요.

☐ 회의 meeting
☐ 정신없다 to be hectic
☐ 화나다 to be angry

- -느라고 is attached to a verb stem to express a cause and effect relationship. The second clause generally indicates a negative or undesirable result/effect due to the first clause. It is sometimes shortened to –느라.
- The tense is only marked in the second clause.
- -느라고 often occurs with 안/못 -하다, 바쁘다, 정신없다, or 고생하다.
  어제 회의 준비하느라고 정신없었어요.
- -느라고 is attached to a verb that requires the subject's will or volition.
  비가 오느라고 소풍을 못 갔어요. (X)   비가 와서 소풍을 못 갔어요. (O)
- The subject of the two clauses must be the same person.
  제가 돈을 많이 쓰느라고 엄마가 화나셨어요. (X)   제가 돈을 많이 써서 엄마가 화나셨어요. (O)

연습

1 Combine the sentences using -느라고.

1) 책을 읽었어요. 잠을 못 잤어요.   → _____.
2) 컴퓨터를 샀어요. 용돈을 다 써 버렸어요.   → _____.
3) 요즘 유학 준비를 해요. 정신이 없어요.   → _____.

2 Complete the dialogue using -느라고.

1) A: 요즘 어떻게 지내세요?
   B: _____ 너무 바빠요.

2) A: 어제 왜 숙제를 못 했어요?
   B: _____ 못 했어요.

3) A: 왜 식사를 못 하셨어요?
   B: _____ 밥 먹을 시간이 없었어요.

문법 2 −던: Recollection of memory

- 이 옷은 우리 언니가 입던 코트예요.
- 흐리던 날씨가 맑아졌어요.
- A: 뭐 찾으세요?
  B: 제가 아까 읽던 잡지 못 보셨어요?

- 잡지 magazine
- 쌀쌀하다 to be chilly
- 하늘 sky

■ −던 is attached to a verb or adjective stem to recall a habitual action or a condition in the past that no longer exists.

내가 가던 식당 = The restaurant I used to go to (I do not go there now).
쌀쌀하던 날씨 = The weather that was chilly (It is not chilly now).

■ It also indicates that the subject started to do something but did not finish. Note that -(으)ㄴ simply indicates a completed action.

내가 마시던 커피 = The coffee that I was drinking (I haven't finished it.)
내가 마신 커피 = The coffee that I drank (I finished drinking it.)

연습

1 Fill in the blanks with the most appropriate word using −던.

| 쓰다 | 일하다 | 먹다 | 다니다 | 살다 |

1) 이건 옛날에 제가 _____ 컴퓨터예요.
2) 한국대학교는 제가 _____ 학교예요.
3) 여기는 제가 어렸을 때 _____ 집이에요.
4) 가끔 어렸을 때 _____ 음식이 먹고 싶어요.
5) 저 사람은 작년에 같은 회사에서 저와 같이 _____ 분이에요.

2 Complete the following sentence using −던.

1) 어렸을 때 _____ 동생이 이제 건강해졌어요.
2) 조금 전까지 _____ 하늘이 갑자기 흐려졌어요.
3) 처음에는 _____ 국이 소금을 넣어서 짜졌어요.
4) 작년에는 배우기가 _____ 한국어가 어려워졌어요.
5) 처음 샀을 때 _____ 옷이 빨래를 하고 나서 작아졌어요.

문법 3 –는 길에: On the way to

- 운동하러 <u>가는 길에</u> 친구를 만났어요.
- 학교 <u>갔다 오는 길에</u> 마트에 들렀어요.
- 집에 <u>돌아오는 길에</u> 지갑을 잃어버렸어요.

> ☐ 갔다 오다 to go and come back
> ☐ 잃다 to lose
> ☐ 부치다 to send
> ☐ 반납하다 to return

- –는 길에 is used to express that an incident happened while the subject was moving to the destination.
- It is best translated as 'on the way to (or back from).'
- It is commonly used with verbs such as 가다, 오다, and compound verbs including 나가다, 나오다, 갔다 오다, 돌아가다, and 돌아오다.
- –는 길이다 expresses that the subject is moving from one location to another.

  A: 어디 가는 길이에요?
  B: 은행에 돈 좀 부치러 <u>가는 길이에요</u>.

연습

1 Complete the dialogue using –는 길이에요.

1) A: 어디 가세요?

   B: 운동하러 공원에 _____.

2) A: 어디 갔다 오세요?

   B: 네, 세일을 해서 백화점에 _____.

2 Make a request based on the given situations using –는 길에.

1) A: 어디 가세요?

   B: 우체국에 가요.

   A: 그럼, 우체국에서 _____ 약 좀 사 올래요?

   B: 네, 그럴게요.

2) A: 어디 가세요?

   B: 책 빌리러 도서관에 가요.

   A: 그럼, 도서관에 _____ 이 책 좀 반납해 주실래요?

   B: 네, 그럴게요.

듣기·말하기 1

1 대화를 듣고 질문에 답하세요.

> 📝 내내 throughout
> 쓰레기 garbage
> 콩나물 bean sprout

1) 여자가 방학 때 아르바이트한 곳은 어디입니까?
   ① 영화관　　　　　② 커피숍
   ③ 쇼핑몰　　　　　④ 편의점

2) 다음 중 맞는 것은 무엇입니까?
   ① 남자는 친구의 이사를 도와줬습니다.
   ② 여자는 여름 학기 내내 편의점에서 일했습니다.
   ③ 여자는 커피숍에서 일한 적이 있습니다.
   ④ 여자는 일 때문에 수업을 못 들었습니다.

2 대화를 듣고 맞으면 T, 틀리면 F를 고르세요.

1) 민수는 지금 친구를 만나러 나가려고 합니다. 　　(T / F)
2) 민수는 돌아오는 길에 쓰레기를 버릴 겁니다. 　　(T / F)
3) 엄마는 민수한테 두부하고 콩나물을 사 오라고 했습니다. (T / F)
4) 엄마는 순두부찌개를 만들려고 합니다. 　　　　(T / F)

3 다음 예와 같이 이야기해 보세요.

> **예**
> A: 요즘 왜 이렇게 바쁘세요?
> B: 숙제하느라고 너무 바빠요.

1) 주말에 왜 못 쉬었어요?　　_____
2) 왜 수업에 늦었어요?　　　_____
3) 왜 벌써 돈을 다 써 버렸어요?　_____

읽기·쓰기 1

1 글을 읽고 질문에 답하세요.

제니퍼는 요새 방을 구하느라고 바쁩니다. 제니퍼가 지금 사는 집은 환하고 좋지만 학교까지 멉니다. 그래서 지하철을 타고 다닙니다. 제니퍼는 학교에 매일 가야 하기 때문에 걸어서 갈 수 있는 곳에 살고 싶어 합니다. 제니퍼는 새로 지은 집이 아니어도 괜찮지만 햇빛이 잘 드는 집을 찾으려고 합니다. 집 근처나 학교 가는 길에 은행하고 약국하고 마트가 있으면 좋겠습니다. 그런데 제니퍼는 학생이라서 돈이 별로 없습니다. 월세는 1000불이 넘으면 안 됩니다. 제니퍼는 좋은 집을 구하려고 웹사이트에서 살 집을 보고 있습니다.

A: 새로 지은 아파트	B: 지은 지 10년 된 집	C: 지은 지 5년 된 집
• 세탁기, 책상, 침대 • 넓은 방과 큰 창문 • 버스 정류장 1분 거리 • 전기세, 인터넷 포함 • 월세 1200불	• 환한 방, 남향 • 학교 근처 • 근처에 슈퍼 • 전기세 포함 • 월세 1000불	• 반지하 • 공원 근처, 맑은 공기 • 지하철역 걸어서 5분 • 인터넷 포함 • 월세 800불

☐ 환하다 to be bright
☐ 짓다 to build
☐ 햇빛이 들다 to be lighted by the sun
☐ 세탁기 washing machine
☐ 거리 distance
☐ 전기세 electricity bill
☐ 포함(되다) to be included
☐ 남향 southward
☐ 반지하 semi-basement
☐ 공기 air
☐ 바뀌다 to be changed

1) 다음 중 맞는 것은 무엇입니까?
① 제니퍼가 지금 사는 집은 학교에서 가깝습니다.
② 제니퍼는 공원 근처에 있는 집을 찾습니다.
③ 제니퍼는 새로 지은 집에서 살고 싶어 합니다.
④ 제니퍼는 학교 근처에서 살고 싶어 합니다.

2) 제니퍼는 어떤 집을 찾고 있습니까?
① 전기세가 싼 집   ② 슈퍼에서 가까운 집   ③ 세탁기가 있는 집   ④ 인터넷이 포함된 집

3) 제니퍼는 어느 집을 고를 것 같습니까?
① A   ② B   ③ C   ④ none

2 '-던'을 써서 다음 질문에 답하세요.

1) A: 오늘 날씨가 참 화창하지요?
   B: 네, _____. (흐리다, 화창해지다)

2) 손님: 이 가게에 일하는 사람이 바뀌었네요.
   가게 사장님: 네, _____. (일하다, 그만두다)

대화 2

선물로 뭐가 좋을지 모르겠네.

보통 휴지를 사 간대요.

다니엘 제니퍼가 이사를 했대.
비비안 어머, 그래요? 방학 때 이사할 거라고 했는데.
다니엘 원래는 방학 때 하려고 했는데 갑자기 이사를 하게 됐대.
비비안 아, 그렇군요. 집이 어디래요?
다니엘 학교 근처래. 안 그래도 제니퍼가 다음 주 토요일에 집들이 한대. 같이 가자.
비비안 네, 제니퍼 얼굴 본 지도 오래됐는데 잘됐네요.
다니엘 근데 집들이 선물로 뭐가 좋을지 모르겠네.
비비안 제가 듣기로는 한국 사람들은 보통 휴지를 사 간대요.
다니엘 그래? 왜 휴지를 가지고 가?
비비안 휴지가 풀리는 것처럼 일이 잘 풀리라는 뜻이래요.
다니엘 신기하네. 그럼 우리도 휴지 가지고 가야겠다.
비비안 그래요, 토요일 아침에 만나서 같이 가요.

새로운 단어와 표현

- 원래 originally
- 집들이 housewarming party
- 제가 듣기로는 from what I heard
- 풀리다 to be unrolled, untangled
- 신기하다 to be amazing/interesting
- 안 그래도 as a matter of fact
- 오래되다 to become old
- 휴지 toilet paper
- 뜻 meaning

❖ Practice the dialogue with the cue words.

A: 제니퍼가 ___ⓐ___ 대요.
B: 응, 일이 생겨서 갑자기 ___ⓐ___ 게 됐대.

ⓐ: 결혼하다
아르바이트하다
한국에 가다

문법 4 –대요/래요: Contraction of indirect quotation

- 마리아는 배드민턴 치는 걸 좋아한대요.
- 다니엘은 요즘 수업 듣느라고 바쁘대요.
- 내일부터 장마가 시작될 거래요.

- 장마 monsoon season
- 시작되다 to be started

- -대요/래요 expresses that the speaker obtains information from a secondary source such as another person or a news report. It is used in informal settings.
- -대요/래요 is a contracted form of -다고 해요, -라고 해요.

	Past	Present	Future
Adjectives	작았대요	작대요	작을 거래요
Verbs	먹었대요	먹는대요	먹을 거래요
Noun+이다	학생이었대요	학생이래요	학생일 거래요

- -(으)라고 해요, -냐고 해요, -자고 해요 are contracted to –래요, -내요, -재요.

연습

1 Change the sentences using –대요/래요.

1) 민호: 요새 정신없이 바빠요.
   → 민호가 요새 정신없이 _____.

2) 수진: 모임에 30분 정도 늦을 거예요.
   → 수진이가 모임에 30분 정도 _____.

3) 마리아: 오늘 영화 보러 극장에 가자.
   → 마리아가 오늘 영화 보러 극장에 _____.

4) 의사: 짠 음식을 먹지 마세요.
   → 의사 선생님이 짠 음식을 _____.

2 Complete the dialogues using –대요/래요.

1) A: 저 식당은 사람이 항상 많네요.
   B: 네, _____.

2) A: 저 사람 누구예요?
   B: 아, _____.

문법 5 –게 되다: Expressing change of situation

- 다음 주부터 아르바이트를 하게 되었어요.
- 다리를 다쳐서 수술하게 됐어요.
- 학교 근처 식당이 문을 닫게 되었다고 들었어요.

☐ 수술하다 to operate

- –게 되다 expresses a change from one situation to another. The change in a situation is generally accidental regardless of one's will.
- It is attached to a verb stem and often used to announce news.
- –게 되었어요 is contracted to –게 됐어요.
- Note that both –어/아지다 and –게 되다 indicate change of state or situation. However, –어/아지다 is attached only to an adjective stem whereas –게 되다 is attached to a verb stem.
  날씨가 시원해졌어요. (O)   날씨가 시원하게 되었어요. (X)
  가을에 결혼해졌어요. (X)   가을에 결혼하게 되었어요. (O)

연습

1 Complete the dialogues using –게 되다.

1) A: 요즘 기분이 좋아 보여요.
   B: 네, 다음 학기에 장학금을 _____.

2) A: 비비안 씨, 모하메드 씨를 어떻게 알아요?
   B: 지난 학기에 한국어 수업에서 _____.

3) A: 축하해요. 취직했다고 들었어요.
   B: 네, 다음 달부터 컴퓨터 회사에서 _____.

4) A: 와, 김치찌개 잘 먹네요. 너무 맵지 않아요?
   B: 괜찮아요. 처음에는 매워서 싫어했는데 이제 잘 _____.

2 Complete the sentences using –게 되다.

1) 한국 드라마를 보고 나서 _____.
2) 내일 비비안 씨를 드디어 _____.
3) 지금 출발하면 집에 한 시쯤 _____.
4) 자기 전에 음식을 먹으면 안 되는데 밤에 자꾸 _____.

문법 6 -(으)ㄴ/는지 알다/모르다: Indirect question/statement

- 컴퓨터를 사려고 하는데 어디가 싼지 아세요?
- 지금 몇 시인지 알아요?
- 주문한 물건이 집에 언제 도착할지 몰라요.
- 창민 씨가 언제 학교를 졸업했는지 알아요?

눈 eye

- -(으)ㄴ/는지 알다/모르다 is used in a question to ask for unknown information or in a statement to inquire indirectly.
- -(으)ㄴ/는지 알다/모르다 is generally preceded by a question word.
- It can be best translated as 'know/do not know + [question word].'
- Conjugation is shown in the table.

	Past	Present	Future
Adjectives	행복했는지	행복한지	행복할지
Verbs	갔는지	가는지	갈지
Noun+이다	학생이었는지	학생인지	학생일지

연습

1 Fill in the blanks using -(으)ㄴ/는지.

1) 저 사람이 _____ 알아요? (누구이다)
2) 저는 감자탕을 어떻게 _____ 몰라요. (만들다)
3) 저스틴 씨가 작년 겨울 방학에 뭐 _____ 아세요? (하다)
4) 토론토에서 뉴욕까지 차로 얼마나 _____ 알아요? (걸리다)

2 Complete the dialogues using -(으)ㄴ/는지 알다/모르다.

1) A: 제니퍼 생일이 _____?
   B: 글쎄요, 저도 잘 모르겠는데요.
2) A: 민호 씨가 _____?
   B: 눈을 다쳤대요.
3) A: 비비안 씨가 오늘 기분이 왜 _____?
   B: 학교에서 장학금을 받게 됐대요.
4) A: 휴가 계획은 세웠어요?
   B: 아니요, 아직이요. 여행을 갈까 하는데 어디로 _____.

듣기·말하기 2

1 대화를 듣고 맞으면 T, 틀리면 F를 고르세요.

1) 여자는 남자한테 이사했다고 말했어요. (T / F)
2) 여자는 어제 집 두 군데를 방문했어요. (T / F)
3) 남자는 마음에 드는 방을 구하기 쉽다고 말했어요. (T / F)
4) 여자는 이사를 어디로 갈지 이미 정했어요. (T / F)

- 군데 counting unit for place(s)
- 이미 already
- 음식점 restaurant
- 부동산 real estate
- 사무실 office
- 짜리 worth
- 가구 furniture
- 식탁 dining table
- 소파 sofa

2 대화를 듣고 질문에 답하세요.

1) 남자와 여자가 있는 곳은 어디입니까?

① 호텔　　② 음식점　　③ 병원　　④ 부동산 사무실

2) 다음 중 맞는 것은 무엇입니까?

① 여자는 학교 근처에 있는 아파트를 찾아요.
② 여자는 방 하나짜리 아파트를 찾아요.
③ 이 집은 다음 달부터 이사할 수 있어요.
④ 여자는 월세가 비싸서 이 집을 좋아하지 않아요.

3) 여자가 내일 가 볼 아파트에 없는 가구는 무엇입니까?

① 식탁　　② 침대　　③ 옷장　　④ 소파

3 요즘 새로 보거나 들은 세 가지 소식이 있어요? '-대요', '-래요', '-재요'를 써서 말해 보세요.

> 예　비비안 씨가 요즘 요가를 배운대요. 재미있대요. 저한테 같이 배우재요.

읽기·쓰기 2

1 글을 읽고 질문에 답하세요.

> 나는 학교 근처로 이사 온 지 3주가 되었다. 갑자기 이사를 오게 되었지만 학교에서 가까워서 좋다. 아직까지 가구를 못 구해서 책장이랑 침대를 사려고 한다. 그런데 나는 이 동네에 산 지 얼마 안 돼서 어디에서 가구를 파는지 모른다. 그래서 같은 반 친구 서연이한테 전화를 했다. "서연아, 오늘 가구를 사러 가려고 하는데 어디에서 파는지 모르겠어. 좋은 데 있으면 좀 가르쳐 줘."라고 했다. 서연이는 "글쎄, 나도 직접 가 보지는 않았는데 백화점 근처에 가구점이 몇 군데 ___㉠___ . 거기가 가격도 싸고 디자인도 ___㉡___ ."라고 말했다. 오늘 나는 서연이가 알려준 데에 가 보려고 한다.

- ☐ 책장 bookshelf
- ☐ 가구점 furniture store
- ☐ 가격 price
- ☐ 알리다 to inform

1) 다음 중 맞는 것은 무엇입니까?
   ① 나는 학교 근처에서 산 지 아주 오래되었다.
   ② 나는 학교 근처에 이사를 오려고 계획을 세웠다.
   ③ 친구는 직접 가구점에 가 본 적이 있다.
   ④ 가구점은 백화점 근처에 몇 군데 있다.

2) 이 사람은 오늘 무엇을 사려고 합니까?
   ① 식탁   ② 냉장고   ③ 책장   ④ 세탁기

3) ㉠에 들어갈 말은 무엇입니까?
   ① 있는대   ② 있대   ③ 인대   ④ 이래

4) ㉡에 들어갈 말은 무엇입니까?
   ① 예쁘대   ② 예쁜대   ③ 예쁘데   ④ 예쁜데

2 여러분 생활에서 바뀐 것 두 가지를 써 보세요. '-게 되다'를 써 보세요.

| 예 | 올가을에 한국으로 유학을 <u>가게 됐어요</u>. |

1) _____.
2) _____.

한국 문화

Housing and Rental Systems in Korea

Finding a house in Korea could be a hassle if you have never done it before. It will not be difficult if you understand the different types of housing and rental systems in Korea. There are many options depending on your budget and length of stay. Korean housing types include apartments, houses, officetels (오피스텔) and studio apartments (원룸). According to the National Statistical Office, 50% of all households live in high-rise apartments. Officetel, a combination of office and hotel, allows people to work and live in the same space. Its size is between an apartment and a studio. The living room and bedroom spaces are separate and suitable for one or two people. Studio apartments (원룸) have one main room and are usually preferred by college students, young professionals, and singles.

There are several options in the rental system. 전세 exists only in Korea. Instead of paying monthly rent during a contract period, the tenants give a huge amount of money in a lump sum deposit to the landlord. The tenants get their deposit back after their contract is over. Another common system is 월세, which is a monthly rental system. Renters pay a deposit, which amounts to two months' rent, in advance and then pay rent each month for the duration of the rental contract. Deposits are returned at the end of the contract.

아재 개그

Puns have always been popular in Korea. Some puns from the past are not seen as funny by the younger generation. However, they continue to be used from time to time. Have you ever heard the term 아재 개그? 아재 is a shortened word of 아저씨. 아재 개그 means that this is a joke that a middle-aged man might tell. Even though young people do not use 아재 개그 much, these days knowing the meaning of the pun is an aid to learning vocabulary. See how many meanings you can guess correctly. Check the answers below.

1. 콩 한 개를 뭐라고 합니까?
2. 전화로 세운 건물은 무엇입니까?
3. 아몬드가 죽으면 뭐라고 말합니까?
4. 사슴의 눈이 좋으면 뭐라고 합니까?
5. 할아버지가 좋아하는 돈은 무엇입니까?
6. 세상에서 가장 쉬운 숫자는 무엇입니까?
7. 미국에서 내리는 비는 무엇이라고 합니까?
8. 설날에 용돈을 받지 못하면 뭐라고 합니까?
9. 푸우(pooh)가 여러 마리 있으면 뭐라고 말합니까?
10. 세상에서 가장 물건을 잘 파는 동물은 무엇입니까?

1. 콩알 2. 콜라세움 3. 다이아몬드 4. 굿아이디어 5. 할머니 6. 십구만 7. USB 8. 설거지 9. 푸들 10. 판다

Lesson 20

한국에 간다면서?

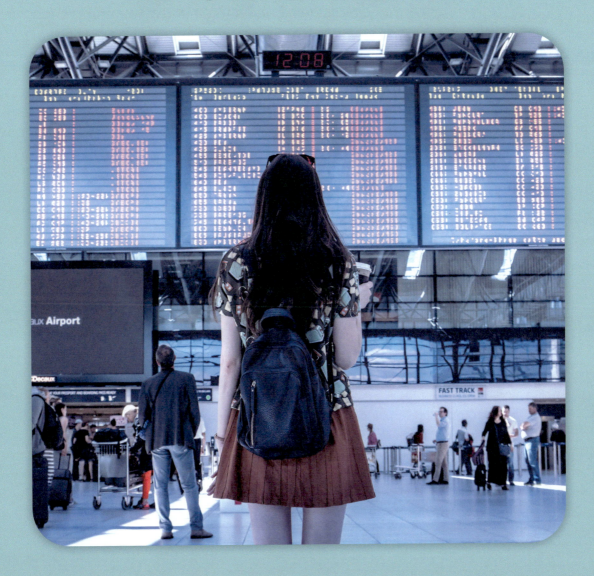

들어가기

Have you ever traveled abroad? What did you prepare for the trip? Where did you purchase your airplane tickets? Did you need to get a travel visa? Have you ever gotten lost on the way to a destination? Do you usually ask a passerby for directions, or do you find the way by yourself? Let's talk about your travel experience.

Learning Objectives

- ☑ Talking about travel experience
- ☑ Talking about travel preparation
- ☑ Asking for & giving directions

Vocabulary   Travel

Grammar   -다면서요/라면서요: Confirming the hearsay

-었었/았었: Double past tense marker

-더라고요: Information learned from experience

-다가: Transition from one action to another

-자마자: As soon as

-(으)ㄴ가/나 보다: Conjecture about the reason

Korean Culture   Road trip in Korea

대화 1

모하메드 민호한테서 들었는데 이번 여름에 한국에 간다면서?
비비안 응, 교환 학생으로 한국대학교에 가게 됐어.
모하메드 나도 작년 여름에 갔었는데 강의도 재미있고 캠퍼스도 예쁘더라고. 비행기표는 샀니?
비비안 아직 알아보고 있는데 성수기라서 항공권이 꽤 비싸네.
모하메드 인터넷에서 보니까 서울여행사에서 할인 항공권을 팔던데.
비비안 아, 그래? 거기 한번 알아봐야겠다. 비자는 어디서 받았니?
모하메드 영사관에 가면 신청할 수 있어.
비비안 영사관이면 멀지 않네. 내일 학교 가는 길에 신청하면 되겠다.
모하메드 또 궁금한 게 있으면 언제든지 물어봐.
비비안 응, 고마워.

새로운 단어와 표현

- 강의 lecture
- 성수기 peak season
- 항공권 airplane ticket
- 할인 discount
- 비자 visa
- 영사관 consulate office
- 신청하다 to apply
- 싱가포르 Singapore
- 야경 night view
- 로마 Rome
- 볼거리 tourist attractions

❖ Practice the dialogue with the cue words.

A: ___ⓐ___ 에 가게 됐어.
B: 나도 작년에 갔었는데 ___ⓑ___ 더라고.

ⓐ: 싱가포르	ⓑ: 야경이 예쁘다
뉴욕	물가가 비싸다
로마	볼거리가 많다

문법 1 –다면서요/라면서요?: Confirming the hearsay

- 동수: 수미한테서 들었는데 봄에 결혼한다면서?
  유진: 응. 너도 결혼식에 올 거지?
- A: 오늘이 생일이라면서요?
  B: 어떻게 알았어요?
- 뉴스에서 들었는데 캘리포니아에서 지진이 났다면서요?

☐ 한테서 from (person)
☐ 결혼식 wedding ceremony
☐ 지진 earthquake
☐ 취소되다 to be canceled
☐ 아쉽다 to feel sorry

- -다면서요/라면서요 is attached to a verb or adjective stem to confirm the validity of the hearsay.
- It is translated as 'I heard… Is it true?'
- -라면서요 is attached to the copula -이다.

Verb	-ㄴ/는다면서	Adj.	-다면서	N이다	-라면서
가다	간다면서	크다	크다면서	친구이다	친구라면서
먹다	먹는다면서	작다	작다면서	학생이다	학생이라면서

- The past tense form is –었/았다면서요.

연습

Confirm the hearsay using –다면서/라면서.

예)
수미: 유미가 이번에 졸업한대.
동민: 아, 그래? 몰랐네.
→ (동민 meets 유미 by chance.)
동민: 유미야, 이번에 졸업한다면서?
유미: 응, 누구한테서 들었어?

1) 어머니: 성호가 전화했었어.
   민수: 아, 그래요?
   → (민수 gives a call to 성호.)
   민수: 성호야, 아까 _____?
   성호: 응, 너희 어머니가 받으셨어.

2) 지민: 스티브하고 유미가 사귄대.
   마크: 정말?
   → (마크 meets 스티브 in the classroom.)
   마크: 너 유미하고 _____?
   스티브: 아니야, 그냥 친구야.

3) 뉴스: 콘서트가 취소됐습니다.
   → (비비안 meets 제니퍼.)
   비비안: 콘서트가 _____?
   제니퍼: 응, 너무 아쉬워.

문법 2 –었었/았었: Double past tense marker

- 스티브는 아침에 도서관에 갔었어요.
- 아침에 바람이 많이 불었었는데 지금은 괜찮네요.
- 테니스를 자주 쳤었는데 요즘은 수영을 해요.

☐ 호랑이 tiger
☐ 동물원 zoo
☐ 초등학교 elementary school

- Doubling of the past tense marker (-었었/았었) is used to express a past event, behavior, or a state of being that no longer continues or exists.
- It is often translated as 'have been (to)' or 'used to' in English.
    스티브는 아침에 도서관에 갔었어요. (Steve has been to the library.)
    스티브가 아침에 도서관에 갔어요. (Steve went to the library.)

연습

1 Complete the dialogue using the double past tense –었었/았었어요.

1) A: 겨울 방학 때 뭐 했어요?
   B: 여행하러 이탈리아에 _____.

2) A: 아직도 담배를 피우세요?
   B: 작년까지 _____. 그런데 지금은 끊었어요.

3) A: 한국에는 호랑이가 많아요?
   B: 옛날에는 한국에 _____. 지금은 동물원에만 있어요.

4) 아버지: 민수야, 일어났니?
   어머니: 민수 아까 _____. 그런데 물 마시고 나서 또 자네요.

2 Complete the sentences as in the example.

예   오전에는 날씨가 흐렸었는데 지금은 맑아졌어요. (흐리다)

1) 예전에는 스키를 _____ 요즘은 보드를 타요.
2) 처음에는 운전이 _____ 지금은 재미있어요.
3) 초등학교 때는 피아노를 잘 _____ 요즘은 잘 못 쳐요.
4) 어렸을 때는 노래를 못 _____ 지금은 잘 불러요.

문법 3 —더라고요: Information learned from experience

- 토니가 급하게 어디 가더라고요.
- 도서관에 가 보니까 스티브가 공부하고 있더라고.
- 인터넷 쇼핑에서 할인 항공권을 팔더라고.

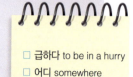
☐ 급하다 to be in a hurry
☐ 어디 somewhere

- —더라고요 is used when the speaker talks about knowledge of something from a past experience. The speaker increases the validity of the information by saying that it was his/her own experience.
- It can be translated as 'I saw/witnessed that...'
- The ending —더라고요 is often used with the connective —(으)니까 which expresses a temporal sequence.
- —더라고요 is interchangeable with —던데요. Both express a speaker's past experience. —던데요 is the combination of 더 and —ㄴ데요 which provides background information to let the listener figure out what to do.
  인터넷 쇼핑에서 할인 항공권을 팔던데 (한번 알아봐).

연습

1 Fill in the blanks with the most appropriate word using —더라고요.

| 자고 있다 | 많다 | 재미있다 | 맛있다 |

1) A: 요즘 골프를 친다면서요?
   B: 네, 친구 때문에 한번 쳐 봤는데 _____.

2) A: 오늘 유진이 봤어요?
   B: 네, 아까 기숙사에서 봤는데 _____.

3) A: 학교 앞에 새로 생긴 식당에 가 봤어요?
   B: 네, 어제 가서 먹어 봤는데 음식이 _____.

2 Ask about your classmate's experience with the given topic.

| 예 | A: [movie] 스타워즈가 어때요?
B: 지난 주말에 봤는데 재미있더라고요. |

1) [sports] —어/아 본 적 있어요? _____
2) [food] —을/를 먹어 본 적 있어요? _____
3) [course] 수업이 어때요? _____

듣기·말하기 1

1 대화를 듣고 질문에 답하세요.

1) 두 사람은 무엇에 대해서 이야기합니까?

　① 건물　　　　　　　② 여행
　③ 교통　　　　　　　④ 경치

☐ 건물 building
☐ 패키지 (travel) package
☐ 파리 Paris
☐ 에펠탑 Eiffel Tower

2) 다음 중 맞지 않는 것은 무엇입니까?

　① 여자는 이탈리아에 가 본 적이 없습니다.
　② 남자는 일 년 전에 이탈리아에 패키지 여행을 갔었습니다.
　③ 남자는 이탈리아에서 매일 아이스크림을 먹었습니다.
　④ 이탈리아에 갈 때 누구든지 비자를 받아야 합니다.

3) 여자는 비행기표를 어디서 사려고 합니까?

　① 인터넷　　　　　　② 여행사
　③ 공항　　　　　　　④ 영사관

2 여러분의 여행 경험에 대해 이야기해 보세요.

| 예 | A: 파리에 가 본 적이 있어요?
B: 네, 2년 전에 갔었는데 에펠탑이 멋있더라고요.
A: 파리 사람들도 멋있다면서요?
B: 네, 사람들이 옷을 참 잘 입더라고요. |

A: [place]에 가 본 적이 있어요?

B: 네, [time]에 갔었는데 ＿＿＿＿＿＿＿더라고요.

A: [what you heard about the place] ＿＿＿＿＿＿＿다면서/라면서요?

B: 네, ＿＿＿＿＿＿＿더라고요.

Lesson 20 한국에 간다면서? 67

읽기·쓰기 1

1 광고를 보고 질문에 답하세요.

한국항공 ㉠ 직항
토론토 ⇌ 인천
6/1~6/21 $1200
6/22~8/20 $1500
8/21~9/2 $1300

한국항공 밴쿠버 ㉡ 경유
토론토 ⇌ 밴쿠버 ⇌ 인천
6/1~6/21 $1100
6/22~8/20 $1350
8/21~9/2 $1200

편도 항공권도 판매합니다.
문의와 예약은 우리여행사로 이메일을 보내 주세요.
이메일 주소: booking@wooritravel.com
홈페이지: http://www.wooritravel.com

- ☐ 편도 one-way
- ☐ 판매 sales
- ☐ 문의 inquiry
- ☐ 주소 address
- ☐ 왕복 round-trip

1) 이 글을 쓴 이유는 무엇입니까?

   ① promoting sales
   ② scheduling travel
   ③ reporting expenditure
   ④ informing contacts

2) 광고를 보고 ㉠ 직항과 ㉡ 경유의 뜻을 영어로 쓰세요.

   ㉠ 직항 _____   ㉡ 경유 _____

3) 다음 중 맞는 것은 무엇입니까?

   ① 왕복 항공권만 살 수 있다.
   ② 직항 항공권이 경유 항공권보다 싸다.
   ③ 6월 22일부터 비행기표가 가장 비싸다.
   ④ 할인 항공권을 사고 싶으면 전화를 해야 한다.

2 여행을 가려는 친구에게 여러분의 경험을 알려 주세요. '-었었/았었', '-더라고요'를 써 보세요.

_____

_____

_____

대화 2

비비안 실례합니다. 말씀 좀 묻겠습니다. 서울백화점이 어디 있어요?
남 자 아, 서울백화점이요? 저기 은행이 보이지요?
비비안 저기 사거리에 있는 거요?
남 자 네, 거기서 오른쪽으로 도세요. 그리고 쭉 가세요. 한 삼십 미터쯤 걷다가 주유소가 나오면 길을 건너세요.
비비안 주유소에서요?
남 자 네. 길을 건너자마자 바로 왼쪽에 큰 건물이 보일 거예요. 거기가 서울백화점이에요.
비비안 감사합니다.
남 자 이 동네에 처음 오셨나 봐요?
비비안 네, 한국에 온 지 얼마 안 돼서 길 찾기가 쉽지 않네요.
남 자 마침 저도 그쪽으로 가는 길인데 제가 같이 가 드릴까요?
비비안 정말 감사합니다.

새로운 단어와 표현

- 보이다 to be seen
- 사거리 intersection
- 오른쪽 right side
- 쭉 straight
- 건너다 to cross
- 바로 immediately
- 왼쪽 left side
- 시장 marketplace
- 방송국 broadcasting station
- 경찰서 police station
- 신호등 traffic lights

❖ Practice the dialogue with the cue words.

A: _____ⓐ_____ 이/가 어디 있어요?
B: 저기 _____ⓑ_____ 이/가 보이지요?
　 거기서 _____ⓒ_____ 으로 도세요.

ⓐ: 시장	ⓑ: 약국	ⓒ: 오른쪽
방송국	영화관	왼쪽
경찰서	신호등	오른쪽

문법 4 -다가: Transition from one action to another

- 아이가 <u>뛰어가다가</u> 넘어졌어요.
- <u>공부하다가</u> 책상에서 잠이 들었습니다.
- 밴쿠버에 <u>살다</u> 지난달에 토론토에 이사 왔어.

- ☐ 잠이 들다 to fall asleep
- ☐ 화학 chemistry
- ☐ 어깨 shoulder
- ☐ 빠지다 to fall for

- -다가 expresses a transition from one action to another. It indicates that the original action is suspended by the new action either temporarily or permanently.
- It can be translated as 'in the middle of doing.'
- -다가 can be used without 가.

연습

1. Complete the dialogues as in the example.

> 예 A: 남자 친구는 잘 지내지요?
> B: 남자 친구를 <u>사귀다가</u> 지난주에 헤어졌어요.

1) A: 화학을 전공하지요?
   B: 화학을 _____ 올해 수학으로 바꿨어요.

2) A: 요즘 왜 테니스를 안 치세요?
   B: _____ 어깨를 다쳤거든요.

3) A: 요즘도 미국 드라마를 자주 보세요?
   B: _____ 요즘은 한국 드라마에 빠졌어요.

2. Express how the original actions can be suspended as in the example.

> 예 장을 보다가 <u>친구를 만났어요</u>.

1) 잠을 자다가 _____.
2) 시험을 보다가 _____.
3) 어제 샤워를 하다가 _____.
4) 도서관에서 공부하다가 _____.

문법 5 –자마자: As soon as

- 월급을 <u>받자마자</u> 다 써 버렸어요.
- 버스가 <u>도착하자마자</u> 사람들이 올라탔어요.
- 밥을 <u>먹자마자</u> 바로 눕지 마세요.

☐ 월급 salary
☐ 첫눈에 at first sight
☐ 반하다 to have a crush
☐ 울다 to cry
☐ 떨어뜨리다 to drop

- –자마자 is attached to a verb stem to indicate that a new action occurs immediately after the previous one is completed.
- It is translated as 'as soon as'.
- Tense marker is not attached to –자마자.
- It is often followed by the adverb 바로 (immediately).

연습

1 Complete the dialogues as in the example.

> 예
> A: 여자 친구를 어떻게 만났어요?
> B: 한국어 수업에서 <u>보자마자</u> 첫눈에 반했어요. (보다)

1) A: 아기가 언제부터 울었어요?
   B: 엄마가 _____ 울기 시작했어요. (나가다)

2) A: 비비안 씨하고 언제 결혼할 거예요?
   B: _____ 바로 결혼하기로 했어요. (졸업하다)

3) A: 기분이 안 좋아 보이네요.
   B: 스마트폰을 _____ 떨어뜨려서 고장 났어요. (사다)

2 Provide what you usually would do immediately after each action.

> 예
> 일어나자마자 <u>샤워를 해요</u>.

1) 집에 오자마자 _____.
2) 아침을 먹자마자 _____.
3) 학교에 가자마자 _____.
4) 수업이 끝나자마자 _____.

문법 6 －(으)ㄴ가/나 보다: Conjecture about the reason

- A: 샌디가 공부를 열심히 하네요.
  B: 내일 시험이 있나 봐요.
- A: 밖에 눈이 많이 오네요.
  B: 날씨가 추운가 봐요.
- A: 루이스가 여자하고 같이 극장에 가던데요.
  B: 여자 친구인가 봐요.

- －(으)ㄴ가/나 보다 is used to express conjecture about source/reason based on evidence.
- Note that －겠 is also used for conjecture based on evidence but only conjecture about the consequence.
    날씨가 춥고 흐리네요. (evidence) → 눈이 오겠어요. (consequence)
- -나 보다 is used for verbs while －(으)ㄴ가 보다 is used for adjectives and the copula -이다.

⭐ 연 습

I Complete the dialogues with either －(으)ㄴ가/나 보다 or －겠 depending on whether the conjecture is about the reason or the consequence.

1) A: 장학금을 받게 됐어요.
   B: 어머, 축하해요. _____. (기쁘다)

2) A: 시험을 잘 못 봤어요.
   B: 시험이 _____. (어렵다)

3) A: 아기가 잘 안 먹네요.
   B: _____. (배가 부르다)

4) A: 아, 또 늦게 일어났네.
   B: 오늘도 수업에 _____. (늦다)

5) A: 제니퍼 씨가 요즘 안 보이네요.
   B: 시험 때문에 _____. (바쁘다)

6) A: 김치가 정말 맛있네요.
   B: 한국 음식을 _____. (좋아하다)

듣기·말하기 2

1 대화를 듣고 맞으면 T, 틀리면 F를 고르세요.

1) 남자는 이 동네를 잘 모른다.   (T / F)
2) 남자는 주유소를 찾고 있다.   (T / F)
3) 이 근처에는 약국이 두 군데 있다. (T / F)
4) 백화점 옆에 약국이 있다.   (T / F)

- □ 렌트하다 to rent
- □ 휴게소 rest area
- □ 간식 snack
- □ 고속도로 highway
- □ 비틀거리다 to stagger
- □ 일등을 하다 to win first place

2 다음 이야기를 듣고 질문에 답하세요.

1) 지난 주말에 여자가 하지 <u>않은</u> 것은 무엇입니까?
   ① 차를 렌트했습니다.
   ② 커피숍에 갔습니다.
   ③ 휴게소에서 간식을 먹었습니다.
   ④ 고속도로에서 운전을 했습니다.

2) 강릉은 무엇으로 유명합니까?
   ① 휴게소와 바닷가   ② 카페와 식당
   ③ 바닷가와 커피   ④ 커피와 케이크

3 '(으)ㄴ가/나 봐요'를 써서 이유를 말해 보세요.

> 예 아기가 웃어요. 기분이 <u>좋은가 봐요</u>.

1) 저 아저씨가 비틀거려요. _____.
2) 영미 씨가 머리를 잘랐어요. _____.
3) 지민 씨가 또 일등을 했어요. _____.
4) 마크 씨가 수업 시간에 졸아요. _____.

읽기·쓰기 2

1 글을 읽고 질문에 답하세요.

> 저는 비비안입니다. 일주일 전에 서울에 처음 왔습니다. 교환학생으로 한국대학교에서 한 학기 동안 수업을 들으려고 합니다. 제 전공은 경제학이지만 한국어 수업도 들을 겁니다. 캐나다에서도 한국어를 배웠는데 한국에서 배우면 더 재미있을 것 같습니다. 학교에 도착하자마자 기숙사에 들어갔습니다. 기숙사 방이 깨끗하고 룸메이트도 마음에 들었습니다.
>
> 한국 여름 날씨가 생각보다 훨씬 더워서 캐나다에서 가져온 옷들이 좀 불편했습니다. 그래서 ㉠_____ 옷을 사러 학교 근처에 있는 백화점에 갔습니다. 그런데 백화점에 찾아가다가 길을 잃어버렸습니다. 지나가는 사람에게 길을 물었는데 친절하게 알려 주었습니다. 제가 한국에 처음 와서 길 찾기가 어렵다고 하니까 그 사람이 직접 백화점에 데려다주었습니다. 한국 사람들은 모두 ㉡_____ 봅니다. 오늘은 그동안 열심히 공부한 한국어를 사용할 수 있어서 좋았습니다.

> - ☐ 지나가다 to pass by
> - ☐ 데려다주다 to accompany
> - ☐ 그동안 for the time, so far
> - ☐ 사용하다 to use
> - ☐ 완성하다 to complete

1) 다음 중 맞는 것은 무엇입니까?

   ① 비비안은 서울에 온 적이 있습니다.
   ② 비비안은 여름 학기 동안 경제학 수업만 들으려고 합니다.
   ③ 비비안은 기숙사 방이 마음에 들었습니다.
   ④ 비비안은 한국어를 공부한 적이 없습니다.

2) ㉠에 들어갈 수 없는 말은 무엇입니까?

   ① 얇은　　　② 반팔　　　③ 가벼운　　　④ 두꺼운

3) ㉡에 가장 알맞은 말은 무엇입니까?

   ① 친절한가　　② 바쁜가　　③ 걱정하나　　④ 한가한가

2 '-다가'와 '-자마자'를 써서 다음 이야기를 완성해 보세요.

우리 부모님은 한국 여행을 하다가 만나셨다.
_____
_____
_____
_____

어머니는 그때 아버지에게 반하셨나 보다.

한국 문화

Road Trip in Korea

While it is possible to go around South Korea using public transportation such as the KTX and express buses, driving around using a rental car can be more fun and convenient. The advantages of a road trip include the chance to explore small unique towns and the amazing countryside. You may encounter many local festivals and traditional markets in the towns.

Renting a car is not very difficult or expensive. You can reserve a rental car online using one of several Korean local companies with an international driver's license and your home country license. You may get assistance for directions using a globally famous GPS such as Google Maps, but Korean GPS comes with the most rental cars. You can also use smartphone apps such as KakaoMap and T map as they provide more detailed information including upcoming speed bumps, speed cameras, toll fees, and nearby tourist attractions.

Highways are very safe with speed limits between 100 and 120 km/hr. Rest areas are must-stop places not only for clean restrooms but for various snacks such as Garak guksu, grilled squid, potatoes, gimbap, walnut cookies, delimanjoo and coffee. Each rest area has special shops to sell their indigenous specialty products such as ginseng, kimchi, and fruit products.

I'm like T.T, just like T.T !

Do you know the meaning of each Korean emoticon below? Match each emoticon with its related meaning.

Emoticon			Meaning
^^	·	·	Embarrassed
ㅜ.ㅜ	·	·	Speechless
-_-	·	·	Wink
^^;	·	·	Smile
ㅠ.ㅠ	·	·	Frustrated
^.~	·	·	Tears
o.o	·	·	Vomit
요TL	·	·	Surprised
OTL	·	·	Crying

Lesson

21

한국 드라마를 좋아하는 줄 몰랐어.

들어가기

Have you ever watched Korean dramas and films or listened to K-pop? Which dramas and films are your favorite? Which K-pop bands do you like? What do you love about K-dramas, K-films and K-pop? Why do you think they are so popular? Let's talk about Korean popular culture!

Learning Objectives

- ☑ Describing experience with Korean popular culture
- ☑ Talking about supposition based on evidence
- ☑ Expressing feelings about new findings

Vocabulary Popular culture and media

Grammar
- -(으)ㄴ/는/(으)ㄹ 모양이다: Expressing conjecture
- -(으)ㄴ/는 줄 몰랐다: Acknowledging unawareness of facts
- -(으)ㄴ/는데도: Expressing contrast in situations
- -(으)ㄹ 텐데: Expressing conjecture or expectation
- -이/히/리/기: Passive verb suffixes
- -구나/군(요): Expressing discovery and surprise

Korean Culture K-pop fandom

대화 1

한국 드라마를 좋아하는 줄 몰랐네.

나도 이렇게 좋아하게 될 줄 몰랐어.

마리아   토니야, 요즘 〈스물 하나〉라는 한국 드라마 보니?
토 니   아니, 나는 아직 안 봤는데 친구들이 그 드라마 많이 보더라고. 아주 재미있는 모양이야.
마리아   응, 나도 요즘 그거 보고 있는데 등장인물들이 각각 다 개성이 있고 매력적이야.
토 니   주인공은 누군데?
마리아   유명한 배우는 아닌데 연기를 잘해. 스토리도 탄탄해서 인기가 많아.
토 니   그래? 나도 나중에 한번 봐야겠다. 근데 네가 드라마를 그렇게 좋아하는 줄 몰랐네.
마리아   나도 이렇게 좋아하게 될 줄 몰랐어. 바쁜데도 한번 시작한 드라마는 끝까지 보게 되더라고.
토 니   볼 만한 다른 드라마 있으면 추천해 줄래?
마리아   그래, 한국어 공부에도 도움이 될 만한 드라마로 골라 줄게.

🖍️ 새로운 단어와 표현

- ☐ **각각** each, every
- ☐ **매력적이다** to be attractive
- ☐ **연기하다** to act
- ☐ **탄탄하다** to be solid
- ☐ **개성** unique personality
- ☐ **배우** actor
- ☐ **스토리** story

❖ Practice the dialogue with the cue words.
  A: 제니 씨가 _____ ⓐ (으)ㄴ/는 줄 몰랐어요?
  B: 네, _____ ⓐ (으)ㄴ/는 줄 몰랐어요.

ⓐ: 캐나다 사람이다
   취직하다
   유럽에 교환학생으로 가다

문법 1   -(으)ㄴ/는/(으)ㄹ 모양이다: Expressing conjecture

- 제니퍼 씨가 요즘 바쁜 모양이에요. 모임에 잘 안 나오네요.
- 밖이 어두워지는 걸 보니까 금방 비가 올 모양이에요.
- 차가 너무 막히는 걸 보니 앞에서 사고가 난 모양이에요.
- 김밥을 자주 먹는 걸 보니까 지민 씨는 김밥을 좋아하는 모양이에요.

☐ 사고가 나다 to have an accident
☐ 아마 perhaps
☐ 패딩 padded jacket
☐ 영하 sub-zero

■ The meaning of 모양 is look or shape. When used in the -(으)ㄴ/는/-(으)ㄹ 모양이다 structure, it expresses the speakers' inference or conjecture on a particular event/condition based on the speaker's firsthand observations. The form is conjugated as follows:

	Past	Present	Future
Adjectives	-	-(으)ㄴ 모양이다 -있/없는 모양이다	-(으)ㄹ 모양이다
Verbs	-(으)ㄴ 모양이다	-는 모양이다	
Noun+이다	-	-인 모양이다	-

■ It cannot be used when the speaker already experienced the event/condition or when they simply conjecture without having seen or heard about it.
■ It is often used with -(으)ㄴ/는 걸 보니(까), which provides the basis of the speaker's guess.
■ This expression is interchangeable with -(으)ㄴ/는가 보다 or –나 보다.

⭐ 연습

I **Complete the conversations using** -(으)ㄴ/는 모양이다.

1) A: 이번에 새로 나온 영화 어떻대요?

   B: _____. 제 친구들도 벌써 다 봤더라고요.

2) A: 비비안이 문자 답장을 안 하네.

   B: 비비안이 보통 답장을 빨리하는 편인데. 아마 지금 수업을 _____.

3) A: 다니엘이 아직 안 일어났나 봐.

   B: 응, 어제 숙제한다고 했는데 늦게까지 _____.

4) A: 오늘 날씨가 아주 _____. 사람들이 두꺼운 패딩을 입고 다니네요.

   B: 네, 오늘 영하 20도까지 내려간대요.

문법 2 -(으)ㄴ/는/(으)ㄹ 줄 몰랐다: Acknowledging unawareness of facts

- A: 민지 씨, 왜 숙제를 안 내요?
  B: 오늘까지 숙제를 내야 하는 줄 몰랐어요.
- 휴대폰을 잃어버린 줄 몰랐다.
- 치와와가 이렇게 작은 줄 몰랐어.
- 눈이 이렇게 많이 올 줄 몰랐어.

□ 챙기다 to take
□ 우연히 accidentally

- -(으)ㄴ/는 줄 몰랐다 expresses the speaker's realization of the fact that they were not aware of or did not expect.
- For the information that already took place before one's realization, -(으)ㄴ 줄 is used for verbs and adjectives.
- For the information in the current state, which one did not realize, -는 줄 is used for verbs, and -(으)ㄴ 줄 is used for adjectives.
- For the events that you did not expect to occur, -(으)ㄹ 줄 is used for both verbs and adjectives.
- It can be best translated as "I didn't know…"

연습

1 Complete the conversations using -(으)ㄴ/는/ㄹ 줄 몰랐어요.

1) A: 비가 많이 오는데 우산 안 챙겨 가니?
   B: 그래요? 밖에 비가 _____. 우산 가져갈게요.

2) A: 어머, 유미 씨! 이 동네 사시나 봐요.
   B: 네, 톰 씨도 여기 사세요? 톰 씨도 이 동네 _____.

3) A: 어제 결혼식장에서 스티브 씨를 우연히 만났다면서요?
   B: 네, 저도 거기서 스티브 씨를 _____.

2 List three facts or the truth about your classmates that you were not aware of. Talk with your classmates using -(으)ㄴ/는/(으)ㄹ 줄 몰랐어요, as in the example.

| 예 | 스미스 씨가 케이팝을 좋아하는 줄 몰랐어요. |

문법 3 -(으)ㄴ/는데도: Expressing contrast in situations

- 일찍 자는데도 아침에 늘 늦게 일어나요.
- 공부를 열심히 했는데도 시험 점수가 별로 안 좋아요.
- 주말인데도 쇼핑몰에 사람이 별로 없네요.
- 바쁘신데도 불구하고 와 주셔서 정말 감사합니다.

☐ 늘 always
☐ 점수 score
☐ 지저분하다 to be messy
☐ 똑똑하다 to be smart
☐ 설명 explanation

- -(으)ㄴ/는데도 is a combination of -(으)ㄴ/는데 and –어도/아도, (although). -(으)ㄴ/는데도 expresses a preceding event as background information that normally leads to a contrasting consequence described in the main clause.
- The expression 불구하고 can be used after -(으)ㄴ/는데도 to emphasize the contrast between the preceding and the following events.

연습

1 Answer the questions using –었/았는데도.

1) A: 감기는 좀 어때요? 약 먹으니까 괜찮아요?

   B: 아니요, 약을 _____ 아직 안 나았어요.

2) A: 너 어제도 드라마 보고 잤어?

   B: 응, 벌써 그 드라마를 세 번이나 _____ 재미있어.

3) A: 오늘 많이 피곤해 보이네요.

   B: 네, 어제 푹 _____ 피곤하네요.

2 Complete the sentences as in the example.

> 예 매일 청소하는데도 방이 지저분해요.

1) 시간이 많은데도 _____.

2) 제 친구는 그렇게 많이 먹는데도 _____.

3) 수민 씨는 엄청 똑똑한 편인데도 _____.

4) 선생님 설명을 열심히 들었는데도 _____.

듣기·말하기 1

1 대화를 듣고 질문에 답하세요.

1) 여자는 왜 기분이 좋습니까?
   ① 오늘 오빠 생일이라서
   ② 오빠한테서 선물을 받아서
   ③ 오늘 팬클럽에 처음 가입해서
   ④ 오늘 팬미팅을 해서

2) 남자는 왜 배우의 나이가 어리다고 생각했습니까?
   ① 여자가 오빠라고 불러서
   ② 배우가 어려 보여서
   ③ 배우와 친구 사이라서
   ④ 여자가 나이 들어 보여서

3) 맞으면 T, 틀리면 F를 고르세요.
   ① 팬클럽에서는 좋아하는 연예인 광고를 올릴 수 있다. (T / F)
   ② 남자와 여자는 모두 배우 이선우 팬클럽에 가입했다. (T / F)
   ③ 남자와 여자는 지하철역에 가서 사진을 찍을 것이다. (T / F)

- 연예인 entertainer
- 에피소드 episode
- 작가 writer
- 작품 work (of art)

2 대화를 듣고 맞으면 T, 틀리면 F를 고르세요.

1) 여자는 드라마의 한 에피소드를 여러 번 봤다. (T / F)
2) 남자는 정은희 작가의 작품을 본 적이 없다. (T / F)
3) 두 사람은 주말에 같이 드라마를 볼 것이다. (T / F)

3 여러분이 아는 유명한 사람에 대해서 새로 알게 된 게 있나요? '-(으)ㄴ/는/(으)ㄹ 줄 몰랐어요'를 써서 이야기해 보세요.

| 예 | 마이클 조던이 야구를 <u>한 줄 몰랐어요</u>. |

읽기·쓰기 1

1 글을 읽고 질문에 답하세요.

> 내 친구 크리스는 영화를 전공한다. 요즘 크리스를 만나면 항상 한국 영화에 대해서 이야기를 한다. 한국 영화에 푹 빠져 있는 모양이다. 영화감독 중에서는 특히 박준호 감독을 제일 좋아한다고 한다. 그래서 박준호 감독 작품은 다 봤다고 한다. 크리스는 한국어를 전혀 몰라서 자막을 보면서 영화를 본다. 한국어를 못하는데도 한국 영화에 나온 새로운 단어를 배울 때마다 나한테 말해 준다. 열심히 노력하는 모습이 멋져 보인다. 한국 사람인 내가 캐나다 친구한테서 한국 영화 얘기를 ㉠_____. 한국 영화가 캐나다에서도 인기가 있는 걸 보니까 왠지 뿌듯했다.

- ☐ 영화감독 movie director
- ☐ 전혀 not at all
- ☐ 자막 subtitles
- ☐ 단어 words
- ☐ 노력하다 to make efforts
- ☐ 모습 looks
- ☐ 왠지 for some reason

1) 다음 중 크리스에 대해서 맞는 것은 무엇입니까?
   ① 한국어를 잘하는 편이다.
   ② 한국에서 영화감독을 하고 있다.
   ③ 한국 영화를 볼 때 자막을 본다.
   ④ 박준호 감독과 같이 영화를 만든 적이 있다.

2) ㉠에 들어갈 말은 무엇입니까?
   ① 들을 줄 몰랐다
   ② 볼 줄 몰랐다
   ③ 빠질 줄 몰랐다
   ④ 할 줄 몰랐다

3) 글쓴이는 어떻게 한국 영화가 인기가 많은 것을 알게 되었습니까?
   ① 박준호 감독이 유명해서
   ② 캐나다 친구가 한국어를 배우기 시작해서
   ③ 캐나다 극장에서 한국 영화를 볼 수 있어서
   ④ 캐나다 친구가 한국 영화 얘기를 많이 해서

2 한국 드라마, 영화를 보거나 케이팝을 들은 적이 있어요? '-(으)ㄴ/는데도'를 사용해서 여러분의 경험을 써 보세요.

> 예 나는 바쁜데도 매주 토요일마다 한국 영화를 꼭 보는 편이다.
> 한국에 가 본 적이 없는데도 드라마 때문에 한국을 잘 안다.

대화 2

민 호 이번 주말에 뭐 해?
제니퍼 이번 주말에 케이팝 콘서트에 가기로 했어.
민 호 정말? 콘서트 티켓 사기가 하늘의 별 따기였을 텐데 어떻게 구했어?
제니퍼 온라인 예매 사이트가 열리자마자 샀어.
민 호 진짜 운이 좋다. 나는 케이팝 콘서트 티켓을 사려고 할 때마다 순식간에 팔려 버려서 못 샀어.
제니퍼 나도 처음에는 그랬었는데 나중에는 요령이 생기더라.
민 호 티켓을 사려면 어떻게 해야 되는 거니? 나한테도 비법을 좀 전수해 줘.
제니퍼 인기 있는 콘서트는 표가 빨리 매진되니까 사이트가 열리기 전에 컴퓨터를 켜 놓고 대기하고 있어야 해.
민 호 아, 대기를 하고 있어야 되는구나. 얼마나 일찍 들어가 있어야 하는데?
제니퍼 늦어도 5분 전에는 들어가야 해. 그리고 핸드폰하고 컴퓨터를 동시에 이용하는 게 좋아.
민 호 나도 다음번에는 그렇게 해 봐야겠다. 고마워.

새로운 단어와 표현

- 하늘의 별 따기 being practically impossible
- 운 luck
- 비법 secret
- 대기하다 to wait
- 이용하다 to use
- 순식간 a brief instant
- 전수하다 to hand down
- 늦어도 at the latest
- 대단하다 to be awesome
- 예매 ticketing
- 요령 tips
- 매진되다 to be sold out
- 동시에 at the same time

❖ Practice the dialogue with the cue words.
A: 드디어 회사에 취직하게 됐어.
B: _____ⓐ_____(으)ㄹ 텐데 _____ⓑ_____구나.

ⓐ: 어려웠다   ⓑ: 대단하다
   힘들었다   열심히 했다

문법 4 -(으)ㄹ 텐데 : Expressing conjecture or expectation

- 한국은 밤일 텐데 지금 전화 안 하는 게 좋겠다.
- 퇴근시간이라 길이 막힐 텐데 지하철로 가자.
- 어젯밤에 늦게 잤을 텐데 쌩쌩하네.
- 내일 시험을 볼 텐데 공부를 너무 못 해서 어떡해요?

☐ 쌩쌩하다 to be energetic
☐ 택배 parcel delivery
☐ 대신 instead
☐ 과제 assignment
☐ 고춧가루 red pepper power

- -(으)ㄹ 텐데 expresses the speaker's conjecture. It attaches to a verb or adjective stem. The first clause with -(으)ㄹ 텐데 indicates the speaker's guess about a situation, while the second clause introduces related or contrary information. The second clause is often a suggestion, command or question.
- It also expresses the speaker's expectation about the planned activity.
  e.g. 조금 이따가 점심을 먹을 텐데 간식을 너무 많이 먹지 마.

연습

1 Choose the most appropriate expression for the blanks.

1) 다음 주에 시험이 _____ 시험 끝나면 뭐 할 거야?
   ① 끝날 텐데   ② 끝낼 텐데   ③ 끝인 텐데   ④ 끝났을 텐데

2) 주말에 혼자 있으면 _____ 우리 같이 영화나 볼까요?
   ① 심심했을 텐데   ② 심심할 텐데   ③ 심심한 텐데   ④ 심심했는 텐데

3) 다음 달에 비행기표가 _____ 빨리 사는 게 좋겠다.
   ① 비쌌을 텐데   ② 쌀 텐데   ③ 비싸질 텐데   ④ 싸질 텐데

2 Fill in the blanks using -(으)ㄹ 텐데.

1) 이따 오후에 택배가 하나 _____ 대신 좀 받아 주세요.
2) 어젯밤에 시험 공부하느라고 많이 _____ 푹 쉬어.
3) 이따가 밤에 엄청 _____ 따뜻하게 입고 나가는 게 어때?
4) 제니퍼가 요즘 과제 때문에 _____ 다음 주에 연락할까?
5) 김치찌개에 고춧가루가 많이 들어가서 _____ 먹을 수 있겠어?

문법 5 −이/히/리/기: Passive verb suffixes

- 눈이 너무 많이 쌓여서 운전하기 힘들어요.
- 바람이 불어서 문이 저절로 닫혔어요.
- 소리가 작아서 잘 안 들리는데 좀 더 크게 말해 주실 수 있으세요?
- 인터넷이 느려서 자꾸 동영상이 끊겨요.

☐ 쌓다 to pile
☐ 저절로 by itself
☐ 잠그다 to lock
☐ 막다 to block
☐ 잡다 to catch
☐ 물다 to bite
☐ 안다 to hug
☐ 쫓다 to chase

- Passive sentences are used when the subject of the sentence is being affected by an action performed by someone else/something.
- In Korean, there are different ways to make a sentence passive, one of which is by adding a passive suffix −이/히/리/기 to a verb stem.
- The passive verbs derived by these suffixes do not take a direct object (−을/를).
  개가 동생을 물었어요. (A dog bit my little brother.)
  ➡ 동생이 개한테 물렸어요. (My little brother was bitten by a dog.)
- The following are examples of passive verbs that are commonly used:

	Passive verbs
이	쓰다-쓰이다, 보다-보이다, 바꾸다-바뀌다, 잠그다-잠기다, 놓다-놓이다, 쌓다-쌓이다
히	막다-막히다, 닫다-닫히다, 잡다-잡히다, 잊다-잊히다
리	열다-열리다, 팔다-팔리다, 물다-물리다, 걸다-걸리다, 듣다-들리다, 자르다-잘리다
기	안다-안기다, 끊다-끊기다, 씻다-씻기다, 쫓다-쫓기다

⭐ 연습

Fill in the blanks using the most appropriate verbs containing −이/히/리/기.

바꾸다   안다   듣다   잠그다   막다   보다

1) 산 위에 올라가면 우리 동네가 다 _____.
2) 지난주에 이사를 해서 주소가 _____.
3) 우리 집 강아지가 나한테 _____ 자고 있어요.
4) 출근 시간이라 길이 너무 많이 _____ 회의에 늦었어요.
5) 어젯밤에 고양이 울음소리가 _____ 잠을 거의 못 잤어요.
6) 아침 일찍 학교에 갔는데 교실 문이 _____ 못 들어갔어요.

문법 6 −구나/군(요): Expressing discovery and surprise

- 오늘 비가 많이 <u>오는구나</u>.
- 한국 드라마가 정말 <u>재미있군요</u>.
- 숙제를 벌써 다 <u>했구나</u>. 엄청 빨리 했네.
- 너 머리<u>했구나</u>. (너 머리했네.)

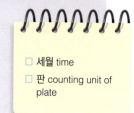

☐ 세월 time
☐ 판 counting unit of plate

■ −구나/군(요) indicates the speaker's realization/surprise when the speaker finds out a newly known fact. The form is conjugated as follows:

pattern	example
Verb stem + -는구나/는군(요)	비가 오는구나.
Adjective stem + -구나/군(요)	예쁘구나/예쁘군(요).
Noun + -(이)구나/(이)군(요)	고향이 서울이구나/서울이군(요).

■ −구나/군(요) is often interchangeably used with -네(요) which also expresses a spontaneous reaction to new information obtained by the speaker's firsthand experience.

■ When repeating information as a reaction to a secondhand experience, only −구나/군(요) is used. However, -네요 is used to express the speaker's judgment or feeling with respect to the secondhand experience.

   A: 어제 아파서 병원에 갔었어요.
   B: 병원에 갔었군요.(○) vs. 병원에 갔었네요.(✗) vs. 힘들었겠네요. (○)

연습

1 Complete the conversations using −구나 or −군요.

1) A: 벌써 2월 _____.
   B: 세월 참 빠르네.

2) A: 요즘 중간고사 기간이라서 정신이 없어요.
   B: 공부하느라 많이 _____.

3) A: 점심 때 너무 배가 고파서 피자 한 판을 혼자 다 먹었어.
   B: 엄청 많이 _____. 그 많은 걸 어떻게 혼자 다 먹을 수가 있어?

2 Fill in the blanks using −군요.

1) 어머니께서 걱정이 _____. 5분마다 전화를 하시네요.
2) 한국은 여름이 많이 _____. 에어컨이 없으면 못 살겠어요.
3) 지금까지 한국 영화를 진짜 많이 _____. 안 본 영화가 없네요.

듣기·말하기 2

1 대화를 듣고 질문에 답하세요.

> ☐ 한숨도 못 자다 to not sleep a wink
> ☐ 팬픽 fan fiction
> ☐ 다운받다 to download
> ☐ 목이 마르다 to be thirsty

1) 맞으면 T, 틀리면 F를 고르세요.

① 남자와 여자는 같은 드라마를 좋아한다.　(T / F)
② 남자는 어제 드라마를 보느라 한숨도 못 잤다.　(T / F)
③ 남자는 팬픽을 다운받았다.　(T / F)
④ 남자는 팬픽을 써 본 적이 있다.　(T / F)

2) 팬픽은 어디서 구할 수 있습니까?

① 인터넷에서　　② 서점에서　　③ 친구한테서　　④ 팬카페에서

3) 대화를 듣고 알맞은 말을 넣으세요.

> 남자가 말했어요.
> "요즘 시험 때문에 _____ 그런 것까지 써? 정말 대단하다."

2 '-(으)ㄹ 텐데'를 이용해서 다음과 같이 문장을 쓰고 대화를 만들어 보세요.

| 예 | 다리가 아프다 → 다리가 아플 텐데 앉으실래요? |

1) 상자가 무겁다 → _____?
2) 학교까지 멀다 → _____?
3) 목이 마르다 → _____?
4) 길이 막히다 → _____?

읽기·쓰기 2

1 글을 읽고 질문에 답하세요.

나의 첫 온라인 콘서트

　3월 3일 일요일 오후 6시 라이브 콘서트 시작! 나는 시작하기 1시간 전부터 내 방에서 기다렸다. 온라인 콘서트는 편하게 집에서 누워서 볼 수 있고, 음식을 먹으면서 볼 수 있다. 남의 눈치 보지 않고 노래를 따라 부를 수도 있다.

　이번 콘서트는 2시간 반 동안 열렸다. 멀티뷰로 모든 멤버를 동시에 볼 수 있어서 신기했다. 여러 화면 중 내가 보고 싶은 화면을 고르면 좋아하는 멤버만 더 자세히 볼 수도 있었다. 그룹 멤버들을 직접 보지 못해서 섭섭했지만, 그래도 화면으로 볼 수 있어서 너무 행복했다. 멤버들이 팬들하고 직접 만날 수 없어서 ___㉠___ 그래도 열심히 노래하는 모습이 참 아름다워 보였다.

　콘서트를 보기 전에는 가격이 조금 비싸다고 생각했는데, 콘서트를 보고 나서 생각이 바뀌었다. '___㉡___.' 온라인 콘서트인데도 불구하고 이번 콘서트는 전 세계에서 100만 명 시청이라는 세계 신기록을 세웠다고 한다. 정말 대단하다.

> - 눈치 보다 to watch out how someone will react
> - 멀티뷰 multi-view
> - 자세히 closely
> - 섭섭하다 to be regrettable
> - 시청 watching
> - 신기록 new record
> - 세우다 to make [record]

1) 다음 중 맞는 것은 무엇입니까?
　① 친구 집에서 콘서트를 봤다.
　② 온라인 콘서트 중에는 노래를 조용하게 불러야 한다.
　③ 좋아하는 멤버 화면을 골라서 볼 수 있다.
　④ 온라인 콘서트라서 보는 사람이 별로 없었다.

2) ㉠에 들어갈 말은 무엇입니까?
　① 뿌듯했을 텐데　② 아팠을 텐데　③ 아쉬웠을 텐데　④ 피곤했을 텐데

3) ㉡에 들어갈 말은 무엇입니까?
　① 티켓 값이 비싼 게 아니었구나
　② 온라인 콘서트는 별로구나
　③ 티켓 값이 좀 쌌으면 좋겠구나
　④ 온라인 콘서트가 더 재미있구나

2 오프라인 또는 온라인 콘서트를 본 적이 있나요? 콘서트를 보고 느낀 점을 써 보세요. 콘서트에 가 본 적이 없으면, 뮤직 비디오를 보고 느낀 점을 써 보세요.

_____

_____

한국 문화

K-pop fandom

K-pop has a very strong fandom, which goes beyond simply buying and enjoying music products as simple consumers. K-pop fans act as a key factor in promoting an artist, forming a global fandom culture. These fans are called fansumer (팬슈머) whose consumer power plays an important role in the development of K-pop. They are willing to open their wallets for their idols. Although they do not listen to music on CDs these days, they eagerly purchase CDs to support idol groups. K-pop fans also advertise their idols through various media advertisements on subways, buses, taxis, and billboards. Fan club advertisements are designed to celebrate and support the birthday of a star, debut anniversary, album release, drama appearance, etc. K-pop artists communicate with their fans through SNS and form a fandom even before their debut. Through this communication K-pop fans share many aspects of the artist's daily life and bring fans together. K-pop artists also feel a sense of community with their fans, as they feel that they are living in the same era with similar concerns that their fans have. Fans also collect donations for human rights movements, help people with incurable diseases, provide homes for refugees, and build schools. There also have been quite a few cases of creating a forest in the name of a star. K-pop fandom culture is becoming a growth engine of K-pop.

쉼터

Abbreviation of words and expressions has become trendy among young people in Korea as in other cultures. The following are some examples that have been widely used. Guess the Korean or English meaning for each Korean abbreviation.

Abbreviation	Full expression	English meaning
꾸안꾸	꾸민 듯 안 꾸민 듯	
인싸	인사이더	
아싸		
소확행	소소하지만 확실한 행복	
금사빠		A person who falls in love easily
뇌섹녀/뇌섹남	뇌가 섹시한 여자/남자	A smart and sexy person
웃프다		Tragicomic
심쿵하다	심장이 쿵하다	
현타	현실자각타임	
안물안궁		Too much information
팩폭하다	팩트로 폭격하다	
별다줄	별 걸 다 줄인다	

마기꾼 (마스크+사기꾼)

Lesson 22

머리를 자연스럽게 해 주세요.

들어가기

How often do you get your hair cut or styled at a hair salon or a barber shop? What is your favourite hair style? Have you ever tried a new hair style that you normally would not wear? How about skin care? Have you ever heard about K-beauty or tried K-beauty items? Let's talk about cultural differences in styles and looks.

Learning Objectives

☑ Talking about hair styles and skin care
☑ Constructing causative structures
☑ Expressing speculation about uncertain events

Vocabulary	Beauty and grooming
Grammar	-지(요): Providing expected information
	-게 하다: Make someone/something ...
	-이/히/리/기/우/구/추: Causative suffix
	-(으)ㄹ 뻔하다: Expressing a narrow escape
	-(으)ㄹ지도 모르다: Speculating about probability
	-(으)ㄴ/는대로: As the same as, as soon as
Korean Culture	Korean traditional clothes (한복)

94 NEW GENERATION KOREAN 3

대화 1

머리를 어떻게 해 드릴까요?

자연스럽게 해 주세요.

미용사 어서 오세요. 예약하셨나요?
민 호 네, 10시에 예약했는데요.
미용사 이민호 씨 맞죠? 이쪽에 앉으세요. 어떻게 해 드릴까요?
민 호 제가 머리숱이 적은 편인데 좀 풍성해 보이면 좋겠어요.
미용사 그럼 파마를 하는 게 어떠세요?
민 호 제가 염색을 몇 번 해서 머리카락이 조금 상했는데 파마를 해도 괜찮을까요?
미용사 염색을 하면 머리가 상하기 쉽지요. 그런데 저희 미용실은 천연 파마약을 쓰기 때문에 걱정하지 않아도 돼요.
민 호 그런 것도 있어요?
미용사 네, 이번에 한번 써 보세요.
민 호 그럼 굵은 웨이브로 자연스럽게 해 주세요.
미용사 네. 이쪽으로 오시겠어요? 머리부터 감겨 드릴게요.

새로운 단어와 표현

- 미용사 hair designer
- 풍성하다 to be plentiful
- 몇 번 several times
- 천연 파마약 natural perm chemical
- 자연스럽다 to be natural
- 머리숱 amount of hair
- 파마 perm
- 머리카락 hair
- 진하다 to be heavy (makeup)
- 적다 to be few
- 염색 dyeing
- 상하다 to be damaged
- 굵은 웨이브 loose curl

❖ Practice the dialogue with the cue words.

A: _____ⓐ_____ 을/를 어떻게 해 드릴까요?
B: _____ⓑ_____ 게 해 주세요.

ⓐ	ⓑ
커트	짧다
화장	진하지 않다
염색	까맣다

Lesson 22 머리를 자연스럽게 해 주세요. 95

문법 1 –지(요): Providing expected information

- A: 요즘 날씨가 너무 춥네요.
  B: 네, 캐나다는 겨울에 춥지요.
- A: 약속을 잊어서 미안해.
  B: 괜찮아. 사람은 누구나 실수할 수 있지.
- A: 방이 왜 이렇게 덥니?
  B: 에어콘이 고장 났으니까 덥지.

- 외국어 foreign language
- 전학 transfer to another school
- 장거리 long distance
- 연애 romantic relationship
- 차례 turn

- The sentence with –지(요) assumes that the listener should expect or be aware of the content of the utterance.
- Recall that –지(요) as a question ending is used to seek listener's agreement or confirmation (see Lesson 4).
- When –지(요) is used as a response to a why-question, the speaker reminds that the information is something the listener is expected to know. In this case, the causal connective -(으)니까 often precedes –지(요).
- It can be translated as 'as you might expect' or 'as you know.'

연습

1 Complete the sentences as in the example.

> 예   매일 운동을 하면 건강해지지요.

1) 퇴근 시간에는 교통이 _____.

2) 외국어를 배울 때 누구나 _____.

3) 아무리 맛있는 음식도 매일 먹으면 _____.

2 Answer the questions using –지.

1) A: 새로 전학 온 학생 알아?
   B: 아니, _____. 아직 인사도 안 해 봤는데.

2) A: 남자 친구가 멀리 살아서 힘들어요.
   B: 그래. 장거리 연애가 _____.

3) A: 오늘 네가 설거지할 차례야.
   B: 아니지. 어제 내가 했으니까 오늘은 네가 할 _____.

문법 2 –게 하다: Make someone/something ...

- 순두부찌개를 안 맵게 해 주세요.
- 기다리게 해서 죄송합니다.
- 예전에는 박물관에서 사진을 못 찍게 했는데 요즘은 찍게 해 줘요.

- 커튼 curtain
- 봉지 bag (counting unit)
- 여러분 everyone

■ When -게 하다 is attached to an adjective stem, it indicates that the subject causes someone/something to be in a certain state expressed by the adjective.

■ When -게 하다 is attached to a verb stem, it indicates that the subject makes someone do something.

■ -게 하다 is also used for giving or not giving someone permission to do something. The negative form 못 is used to indicate the prohibition of actions.

연습

1 Provide the suggestions to resolve the following problems using –게 하세요.

예 | 방이 너무 어두워요. → 불을 켜서 밝게 하세요.

1) 국이 너무 짜요. → 물을 넣어서 _____.
2) 햇빛이 너무 밝네요. → 커튼을 쳐서 햇빛이 _____.
3) 방이 너무 지저분해요. → 청소를 해서 방을 _____.
4) 날씨가 너무 추워요. → 두꺼운 옷을 입어서 몸을 _____.

2 Complete the sentences using –게 하다 as in the example.

예 | 선생님: 다니엘 씨, 교과서를 읽어 보세요.
→ 선생님이 다니엘 씨에게 교과서를 읽게 하셨어요.

1) 언니: 너 내 옷 입으면 안 돼.
→ 언니는 나에게 자기 옷을 _____.
2) 아버지: 콩나물 한 봉지 사 와!
→ 아버지는 나에게 콩나물 한 봉지를 _____.
3) 선생님: 학생 여러분, 수업 시간에 한국말로 이야기하세요.
→ 선생님은 학생들이 수업 시간에 한국말로 _____.

문법 3 −이/히/리/기/우/구/추: Causative suffixes

- 어머니가 아기에게 우유를 먹여요.
- 아버지가 아이에게 옷을 입혀요.
- 형이 동생을 울렸어요.
- 룸메이트가 안 일어나서 제가 깨웠어요.
- 차가 너무 많이 막혀서 약속 시간을 늦췄어요.

☐ 깨다 to wake up
☐ 익다 to ripen, to be cooked
☐ 얼다 to be frozen
☐ 남다 to remain
☐ 굶다 to starve
☐ 크다 to grow
☐ 달다 to become hot

■ Causative expressions are used to indicate that the subject makes someone do something or causes something to become a certain state.

■ In Korean, causative expressions are made by adding −이/히/리/기/우/구/추 to the stems of some verbs and adjectives, which should be learned case by case.

	Causative verbs
이	먹다-먹이다, 보다-보이다, 죽다-죽이다, 끓다-끓이다, 붙다-붙이다
히	입다-입히다, 앉다-앉히다, 눕다-눕히다, 익다-익히다, 넓다-넓히다
리	울다-울리다, 얼다-얼리다, 살다-살리다, 알다-알리다, 듣다-들리다
기	감다-감기다, 웃다-웃기다, 남다-남기다, 씻다-씻기다, 굶다-굶기다
우	깨다-깨우다, 자다-재우다, 서다-세우다, 타다-태우다, 크다-키우다
구	달다-달구다
추	늦다-늦추다, 낮다-낮추다

■ The usage and the meaning of causative suffixes and −게 하다 are different.
  - The use of each causative suffix is limited to certain verbs and adjectives while -게 하다 can be attached to all verbs and adjectives.
  - The subject of causative suffixes carries out actions directly for the recipient, whereas the subject of -게 하다 directs someone to do something.
    예) 엄마가 아이 옷을 입혔어요. Mom put the clothes on the child.
    　　엄마가 아이에게 옷을 입게 했어요. Mom made the child wear the clothes.

■ Note that the causative suffixes can be similar to the passive ones, but they denote different meanings.
    Passive: 교실에서 나무가 보였어요. The tree was seen from our classroom.
    Causative: 친구한테 사진을 보였어요. I showed the photos to my friend.

1. **Fill in the blanks with the causative counterparts of the words in the box.**

- 개그맨 comedian
- 얼음 ice

| 끓다 | 깨다 | 녹다 | 얼다 | 웃다 |

1) 프라이팬에 버터를 _____.

2) 차를 마시려고 물을 _____.

3) 개그맨이 사람들을 _____.

4) 냉장고에 얼음을 _____.

5) 캐서린 씨는 아침마다 늦잠 자는 오빠를 _____.

2. **According to the pictures provided, describe the babysitter's day using causative verbs in the plain speech style.**

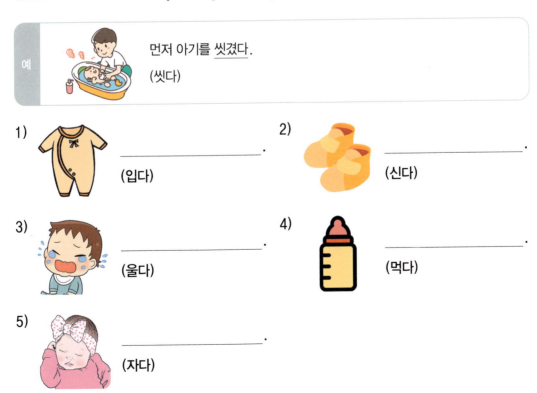

예) 먼저 아기를 씻겼다. (씻다)

1) _____. (입다)

2) _____. (신다)

3) _____. (울다)

4) _____. (먹다)

5) _____. (자다)

듣기·말하기 1

1 대화를 듣고 질문에 답하세요.

1) 두 사람은 지금 _____ 에 있습니다.

2) 맞으면 T, 틀리면 F를 고르세요.

① 남자의 직업은 미용사이다. (T / F)
② 여자는 염색을 하러 왔다. (T / F)
③ 여자는 여기에서 머리를 한 적이 있다. (T / F)
④ 남자는 여자의 머리를 끝만 다듬을 것이다. (T / F)

☐ 답답하다 to be stuffy
☐ 다듬다 to trim
☐ 돌보다 to take care of
☐ 유치원 kindergarten
☐ 관련되다 to be relevant

2 이야기를 듣고 질문에 답하세요.

1) 다음 중 진우가 동생한테 해 주지 않은 것은 무엇입니까?

① 신발 신기기　　　　　② 저녁 먹이기
③ 손 씻기기　　　　　　④ 책 읽히기

2) 이야기를 듣고 알맞은 말을 넣으세요.

> 오늘 아침에 동생을 돌보느라 정신이 없었어요. 동생을 _____(깨다) 아침을 같이 먹었어요. 옷을 _____(입다) 다음에 유치원에 데려다줬어요.

3 반 친구들과 함께 머리 스타일과 관련된 질문을 하고 답해 보세요.

| 예 | 머리를 얼마나 자주 자르세요?
어떤 머리 스타일을 해 보고 싶어요?
염색이나 파마를 해 본 적이 있나요?
염색을 하게 되면 어떤 색으로 염색해 보고 싶어요? |

읽기·쓰기 1

1 글을 읽고 질문에 답하세요.

> 어제 한국에 유학을 온 지 2년 만에 처음으로 미용실에 가게 되었다. 인터넷 후기가 좋은 미용실을 찾아갔는데 인테리어가 고급스럽고 깔끔했다. (a) 미용실에 갈 때까지도 머리를 어떻게 할지 고민했는데 헤어 디자이너가 다양한 머리 스타일의 사진을 보여 주었다. (b) 친절한 설명 덕분에 나한테 어울리는 스타일을 쉽게 정할 수 있었다. 나는 앞머리를 자르고 염색을 하기로 했다.
>
> 머리를 자르기 전에 머리를 감겨 줬다. (c) 그리고 우리나라에서는 수건 한 장만 주는데 여기서는 가운을 입혀 주고 편한 의자에 앉게 했다. 머리를 감는 동안 얼굴에 마스크 팩도 올려 주었다. 염색을 하는 동안에는 커피와 간식도 갖다주었다. (d) 머리를 하는 동안 손님이 피곤하지 않게 해 주는 한국의 미용실 서비스가 ㉠_____.

- ☐ 만에 after
- ☐ 인테리어 interior design
- ☐ 고급스럽다 to be luxurious
- ☐ 다양하다 to be diverse
- ☐ 덕분에 thanks to
- ☐ 수건 towel
- ☐ 가운 gown
- ☐ 올리다 to put up
- ☐ 문장 sentence
- ☐ 놀랍다 to be surprising

1) 이 글의 주제는 무엇입니까?
   ① 인터넷 후기의 좋은 점
   ② 한국의 미용실 경험
   ③ 유행하는 머리 스타일
   ④ 헤어디자이너가 되는 법

2) 다음 문장이 들어갈 곳으로 가장 알맞은 것을 고르세요.

   > 우리나라에서는 머리를 감고 싶으면 돈을 더 내야 하는데 한국은 염색비에 포함되어 있다고 한다.

   ① a   ② b   ③ c   ④ d

3) ㉠에 들어갈 알맞은 말은 무엇입니까?
   ① 놀라웠다   ② 답답했다   ③ 섭섭했다   ④ 자연스러웠다

4) 다음 중 맞는 것은 무엇입니까?
   ① 글쓴이는 미용실에 자주 가는 편이다.
   ② 미용실에 가기 전에 머리 스타일을 꼭 정해야 한다.
   ③ 머리를 하는 동안 배가 고프면 음식을 시켜 먹어야 한다.
   ④ 한국 미용실에서는 머리를 감을 때 돈을 내지 않아도 된다.

2 최근에 미용실에 가 본 경험을 써 보세요. 얼마 만에 미용실에 갔어요? 어떤 스타일로 머리를 했어요? 어떤 점이 마음에 들었어요?

쉼터

※ Fill in the blanks with Korean names or draw the images of the hair styles.

영어	머리 모양	한국어	영어
Straight		생머리	Straight hair
Bobbed		단발머리	Bobbed hair
Ponytail		_____	Ponytail
Pigtails		_____	Pigtails
Braided		_____	Braided hair
Bowl-cut		바가지 머리	Bowl-cut
Bun		_____	Bun
Crew cut		스포츠 머리	Crew cut

대화 2

분위기가 좀 바뀐 것 같은데?

화장을 다르게 해서 그럴지도 몰라.

저스틴 제니퍼, 오늘 뭔가 달라 보이네. 하마터면 못 알아볼 뻔했어.
제니퍼 응, 지난 주말에 파마했거든. 어때?
저스틴 잘 어울려. 그런데 머리 말고도 분위기가 좀 바뀐 것 같은데?
제니퍼 오늘은 화장을 좀 다르게 해서 그럴지도 몰라. 요즘 뷰티 관련 동영상을 많이 보는데 거기서 소개하는 대로 한번 따라 해 봤어.
저스틴 그렇게 화장하니까 더 어려 보인다.
제니퍼 혹시 케이-뷰티라고 들어 봤어? 한 듯 안 한 듯 자연스럽게 하는 게 비결이야.
저스틴 나는 화장에 관심이 없어서 그런 게 있는지도 몰랐어.
제니퍼 요즘은 남자들도 외모에 관심이 많아. 남성용 화장품도 많고, 피부에 신경 쓰는 남자들이 많이 늘었대.
저스틴 그래? 그럼 나도 피부에 신경을 좀 써야겠구나.

새로운 단어와 표현

- 하마터면 nearly
- 한 듯 안 한 듯 as if one does not do it
- 관심 interest
- 남성용 for men
- 늘다 to increase
- 분위기 vibe
- 비결 secret
- 외모 appearance
- 신경 쓰다 to pay attention

❖ Practice the dialogue with the cue words.

A: 한국어 실력이 많이 늘었구나!
B: ____ⓐ____ (으)ㄴ 대로 ____ⓑ____ 봤어.

ⓐ: 동영상에서 배우다   ⓑ: 따라 하다
　　선생님이 시키다　　　　연습하다

Lesson 22 머리를 자연스럽게 해 주세요. 103

문법 4 -(으)ㄹ 뻔하다: Expressing a narrow escape

- 머리를 하다가 너무 피곤해서 하마터면 <u>잠들 뻔했어요</u>.
- 영화관에서 방귀를 참느라고 <u>죽을 뻔했어요</u>.
- 드라마가 너무 슬퍼서 식구들이랑 티브이를 보다가 <u>울 뻔했어요</u>.
- 시험공부를 열심히 하지 않았으면 시험에 <u>떨어질 뻔했어요</u>.

- 방귀 fart
- 참다 to suppress
- 떨어지다 to fail
- 태우다 to burn
- 안개 fog
- 짙다 to be thick

- -(으)ㄹ 뻔하다 indicates an event that almost happened but eventually did not happen. It implies that the speaker is relieved because the event did not happen.
- It is often used with 하마터면, which means 'nearly, almost.'
- It can be used with –았/었으면 to indicate a hypothetical past situation/action.

연습

1 Choose the most appropriate expressions for the blanks.

1) 눈 때문에 길이 너무 미끄러워서 하마터면 _____.

　① 넘어질 뻔했어요　② 넘어진 뻔했어요　③ 넘어지는 뻔했어요　④ 넘어졌을 뻔했어요

2) 친구랑 전화하다가 음식을 다 _____.

　① 태우 뻔했어요　② 태울 뻔했어요　③ 태우는 뻔했어요　④ 태웠을 뻔했어요.

3) 비행기 표를 미리 예약하지 않았으면 이번 여름 방학에 한국에 _____.

　① 안 갈 뻔했어요　② 못 갈 뻔했어요　③ 갔을 뻔했어요　④ 갈 뻔했어요

2 Fill in the blanks using -(으)ㄹ 뻔했어요.

1) 차 사고가 나서 _____.
2) 조금만 늦었으면 기차를 _____.
3) 안개가 짙어서 고속도로에서 사고가 _____.
4) 지하철을 타지 않았으면 약속 시간에 _____.
5) 콘서트 표를 사려는 사람이 너무 많아서 하마터면 표를 _____.

문법 5 -(으)ㄹ지도 모르다: Speculating about probability

- 이번 주말 연휴라서 미용실이 문을 안 <u>열지도 몰라요</u>.
- 민호 씨가 요즘 정신이 없어서 이발할 시간이 <u>없을지도 몰라요</u>.
- 한국 화장품이 너한테 더 잘 <u>맞을지도 모르니까</u> 한번 써 봐.
- 수진이가 아프다는 말은 어쩌면 <u>거짓말이었을지도 몰라</u>.

□ 연휴 holidays
□ 이발하다 to get a haircut
□ 어쩌면 possibly
□ 목도리 winter scarf

- -(으)ㄹ지도 모르다 indicates the speaker's speculation about possibility or probability that something occurs. It is used when something is not certain or when there is a doubt regarding a fact.
- It is translated as 'I don't know whether someone/something might …'
- It is interchangeable with -(으)ㄹ 수도 있다.
- It is often used with an adverb of probability '어쩌면 or 혹시.'

연습

1 Fill in the blanks with the most appropriate words using −(으)ㄹ지도.

| 하다 | 오다 | 가다 | 막히다 | 춥다 | 듣다 |

1) 차가 ＿＿＿＿＿＿ 모르니까 지하철을 타고 가요.
2) 우산을 가지고 가세요. 오후에 비가 ＿＿＿＿＿＿ 몰라요.
3) 마이클 씨가 아파서 오늘 숙제를 못 ＿＿＿＿＿＿ 몰라요.
4) 다른 사람이 ＿＿＿＿＿＿ 모르니까 크게 얘기하지 마세요.
5) 날씨가 ＿＿＿＿＿＿ 모르니까 목도리하고 장갑을 꼭 챙기세요.
6) 내년에 한국에 ＿＿＿＿＿＿ 몰라서 요즘 한국어를 열심히 공부하고 있어요.

2 Complete the sentences using −(으)ㄹ지도.

1) 이따가 배가 ＿＿＿＿＿＿ 모르니까 지금 많이 먹어.
2) 저 사람 차고 있는 시계가 어쩌면 ＿＿＿＿＿＿ 몰라.
3) 이번 시험은 ＿＿＿＿＿＿ 모르니까 공부 열심히 하자.
4) 작년보다 키가 커져서 입던 옷이 ＿＿＿＿＿＿ 모르겠어요.
5) 내가 어제 공항에서 만난 사람이 유명한 ＿＿＿＿＿＿ 몰라요.
6) 모하메드가 ＿＿＿＿＿＿ 모르니까 고기는 시키지 말자.

문법 6 -(으)ㄴ/는 대로: As the same as, as soon as

- 동영상에서 본 대로 따라해 보니 한국식 화장도 어렵지 않네요.
- 네가 하고 싶은 대로 한번 해봐.
- 예상대로 이번 기말시험이 너무 어려웠어요.
- 화장한 날에는 집에 돌아오는 대로 화장을 지우는 게 좋아요.

☐ 한국식 Korean style
☐ 예상 expectation
☐ 기말 final
☐ 발음하다 to pronounce
☐ 순서 order
☐ 입장하다 to enter
☐ 이기다 to win

- VS+는 대로 means 'as the same as.' For the present tense, -는 대로 is attached, while for the past tense -(으)ㄴ 대로 is attached.
- -(으)ㄴ/는 대로 can be attached to the following adjectives: 편하다, 좋다, and –고 싶다.
- After a noun, -대로 is attached (e.g., 생각대로, 계획대로 or 마음대로).
- Negative expression cannot precede –(으)ㄴ/는 대로.
  예) 선생님이 발음하시는 대로 따라 했어요. (O)
    선생님이 발음 안 하시는 대로 따라 했어요. (X)
- -는 대로 also means 'as soon as.' It is attached to a verb stem. It is interchangeable with –자마자. For this meaning, -는 대로 cannot be used with the past tense.

연습

1 Fill in the blanks with the most appropriate words using –(으)ㄴ/는 대로.

| 말하다 | 듣다 | 끝나다 | 도착하다 |

1) 집에 _____ 나한테 문자 보내 줘.
2) 선생님이 뭐라고 하셨어? 네가 _____ 말해 봐.
3) 내가 하는 말을 잘 듣고 내가 _____ 따라해 봐.
4) 시험이 _____ 미용실에 가서 머리를 하고 싶어요.

2 Fill in the blanks using the most appropriate nouns containing – 대로.

| 순서 | 예상 | 마음 | 계획 |

1) _____ 우리 팀이 경기에서 이겼어요.
2) 앉고 싶은 자리에 _____ 앉아도 돼요.
3) 지금 줄 서 있는 _____ 입장해 주세요.
4) _____ 내일은 한국어 공부를 해야겠다.

듣기·말하기 2

1 대화를 듣고 질문에 답하세요.

1) 맞으면 T, 틀리면 F를 고르세요.

   ① 여자는 오늘 발표 때문에 옷에 신경을 썼다. (T / F)
   ② 남자는 여자를 못 알아봤다. (T / F)
   ③ 여자는 인터넷 쇼핑몰 모델이다. (T / F)
   ④ 여자가 옷을 산 사이트에서는 남자 옷도 판다. (T / F)
   ⑤ 여자는 남자에게 근사한 옷을 골라줄 것이다. (T / F)

- 근사하다 to be fabulous
- 모델 model
- 정장 suit

2) 여자는 어디에서 재킷을 샀습니까?

   ① 인터넷에서   ② 쇼핑몰에서   ③ 친구한테서   ④ 가게에서

3) 대화를 듣고 알맞은 말을 넣으세요.

   여자가 모델이 _____ 따라 입어 봤다고 말했어요.

2 특별한 일이 있을 때 어떻게 옷을 입으세요? 반 친구들과 함께 얘기해 보세요.

| 예 | A: 인터뷰하러 갈 때 어떤 옷을 입어요?
B: 저는 정장을 입고 구두를 신어요. |

1) 결혼식에 갈 때: _____

2) 클럽에 갈 때: _____

3) 수업에 갈 때: _____

4) Other occasions: _____

Lesson 22 머리를 자연스럽게 해 주세요. 107

읽기·쓰기 2

1 글을 읽고 질문에 답하세요.

> 한국 드라마와 케이팝의 인기 때문에 한국식 화장법도 큰 인기를 끌고 있다. 인터넷에서 케이뷰티를 검색하면 한국식 화장법이나 한국 화장품에 대한 다양한 내용을 찾아볼 수 있다. 한국식 화장법이나 한국 화장품을 케이뷰티라고 부른다. 한류 스타들이 모델이 돼서 케이뷰티 제품을 광고하기도 한다. 한류가 없었으면 케이뷰티는 지금처럼 인기가 ㉠_____.
>
> 케이뷰티의 이미지는 '자연스럽다, 깨끗하다, 건강하다, 품질이 좋다'로 설명된다. 진한 화장보다는 가벼운 화장을 통해서 얼굴을 자연스럽게 보이게 한다. 그리고 깨끗한 피부를 돋보이게 한다. 또한 주로 천연 재료를 이용하기 때문에 화장을 할 때 안전하고 건강한 느낌을 준다. 마지막으로 한국 화장품은 제품이 다양하고, 디자인과 품질이 좋은 편이다. 케이뷰티는 이런 이미지 때문에 세계의 많은 사람들에게 사랑을 받고 있다.

- ☐ 인기를 끌다 to make a splash
- ☐ 제품 product
- ☐ 한류 the Korean Wave
- ☐ 품질 quality
- ☐ 돋보이다 to stand out
- ☐ 안전하다 to be safe

1) 이 글은 무엇에 대한 글입니까?
   - ① 케이뷰티와 한류
   - ② 케이뷰티의 이미지
   - ③ 한국 화장품의 좋은 점
   - ④ 케이뷰티가 인기 있는 이유

2) ㉠에 들어갈 말은 무엇입니까?
   - ① 많지도 모른다
   - ② 많지 않을지도 모른다
   - ③ 클지도 모른다
   - ④ 크지 않을지도 모른다

3) 케이뷰티의 이미지가 아닌 것은 무엇입니까?
   - ① 자연스럽다
   - ② 깨끗하다
   - ③ 비싸다
   - ④ 건강하다

4) 케이뷰티에 대한 설명 중 맞지 않는 것은 무엇입니까?
   - ① 한국 화장품은 다양하다.
   - ② 한국 화장품은 품질이 좋다.
   - ③ 한류의 인기는 케이뷰티 때문이다.
   - ④ 한류 스타의 화장법이 인기가 많다.

2 '-(으)ㄹ 뻔했다'를 사용하여 일어나지 않아서 다행인 경험을 3가지 써 보세요.

_____

_____

_____

한국 문화

Hanbok (한복)

Hanbok (한복) is Korean traditional clothes that Koreans have worn for over 2,000 years. Throughout Korean history, 한복 has changed into various styles. The current form is similar to the hanbok worn in the Joseon Dynasty. Women's 한복 consists of 저고리 (short jacket) and 치마 and men's 한복 includes 저고리 and 바지. People usually wear 두루마기 (Korean traditional coat) for outings or formal occasions.

한복 is usually made of soft and delicate materials such as silk. In the past, 한복 was normally made in white or bright colors, such as light jade and light gray. People wore colorful and patterned clothes (색동옷) on special occasions. Even to this day on a wedding day, it is conventional for the bride's mother to wear a red colored 한복 while the groom's mother wears a blue colored one, but nowadays people wear 한복 in any color they like.

Today people wear 한복 when there are important events such as holidays (설날 and 추석) and weddings. Modernized Hanbok (개량 한복 or 생활 한복) is also available for casual daily wear. In recent years 한복 has been worn by many K-pop idol group members in their music videos or on stage, which gained a lot of attention from their international fans. Through the growing influence of Korean popular culture, 한복 has risen greatly in popularity.

쉼터

There are many idioms in Korean that use body parts. Let's guess the meaning of the following idioms.

① 발이 넓다 • • to eat like a bird

② 귀가 얇다 • • to be untalkative

③ 손이 크다 • • to have a large circle of acquaintances

④ 눈이 높다 • • to be tenacious

⑤ 입이 무겁다 • • to be fearless

⑥ 입이 짧다 • • to have high standards

⑦ 엉덩이가 무겁다 • • to be generous

⑧ 간이 크다 • • to be gullible

☐ 엉덩이 buttocks   ☐ 간 liver

Lesson 23

무슨 선물을 줘야 할지 모르겠어요.

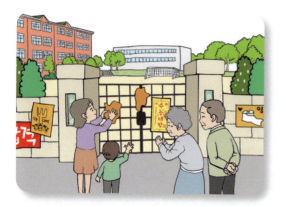 

들어가기

What are the unique customs of your home culture? How are customs of marriage, college entrance exams, and dating in your country different from other countries? Do you know any superstitions that Korean people believe in? What kind of superstitions do people in your country have? Let's talk about the customs and superstitions that people follow or believe.

Learning Objectives

- ☑ Talking about customs and superstitions
- ☑ Expressing uncertainty about future action
- ☑ Describing shift of actions after completion

Vocabulary Customs and superstitions

Grammar
-어/아야지(요): Expressing obligation
-어/아야 할지 모르겠다: Expressing uncertainty about what to do
-는 바람에: Describing an incidental cause for negative results
-었/았다가: Shift of actions after completion
-(으)ㄴ/는 척하다: To pretend to do/be in a state
-기도 하다: Describing multiple states/alternative actions

Korean Culture *Hahm* delivery ceremony in Korean wedding customs

대화 1

선물을 하면 기분이 풀리지 않을까?

뭘 사야 할지 모르겠어.

비비안 이번 일요일이 제니퍼 생일이라면서?
다니엘 응. 그런데 엊그저께 싸우고 나서 서로 말도 안 하고 있어.
비비안 어떡해. 그래도 여자 친구인데 빨리 화해해야지. 일요일에 이벤트나 선물을 하면 기분이 좀 풀리지 않을까?
다니엘 그렇지 않아도 생일 선물을 준비하려고 하는데 뭘 사야 할지 모르겠어.
비비안 꽃다발을 선물하고 근사한 식당에서 저녁을 먹는 건 어때?
다니엘 그거 좋겠다. 근데 꽃다발 말고 좀 더 기억에 남을 만한 게 없을까? 작년 생일에는 내가 한국에 가는 바람에 제대로 챙겨 주지 못했거든.
비비안 제니퍼가 운동을 좋아하니까 운동화를 선물하는 건 어때?
다니엘 나도 그 생각을 했었는데 한국 사람들은 애인에게 신발을 선물하지 않는다고 하더라고.
비비안 아, 나도 들은 적 있어. 애인한테 신발을 선물하면 그걸 신고 도망간다는 미신이 있지? 고민이 되긴 되겠다.
다니엘 응, 좀 더 생각해 봐야겠어.

새로운 단어와 표현

- 엊그저께 a few days ago
- 싸우다 to argue, fight
- 화해하다 to reconcile
- 기분이 풀리다 to feel better
- 꽃다발 bouquet
- 근사하다 to be splendid
- 제대로 properly
- 챙기다 to take care of
- 애인 lover
- 도망가다 to run away
- 미신 superstition

❖ Practice the dialogue with the cue words.

ⓐ: 지각하다　ⓑ: 버스를 놓치다
다리를 다치다　뛰어가다가 넘어지다
캠핑을 못 가다　갑자기 비가 많이 오다

A: 왜 _____ ⓐ _____?
B: _____ ⓑ _____ 는 바람에 _____ ⓐ _____.

Lesson 23 무슨 선물을 줘야 할지 모르겠어요. 113

문법 1   –어/아야지(요): Expressing obligation

- A: 네가 웬일로 공부를 해?
  B: 내일 시험인데 나도 공부 좀 해야지.
- A: 고기가 맛있는데 배불러서 못 먹겠어.
  B: 그래도 비싼 건데 다 먹어야지.
- A: 어제도 하루 종일 일했는데 오늘은 좀 쉬셔야지요.
  B: 오늘도 할 일이 많아서 늦게 퇴근해야 할 것 같아요.

☐ 웬일 what reasons
☐ 퇴근하다 to leave work
☐ 빗길 rainy road
☐ 미끄러지다 to slip, skid

- By using –어/아야지(요), the speaker emphasizes that a certain action should be taken (obligation).
- When the subject is the first person, –어/아야지(요) expresses one's resolution, promise, or intent.
- When the subject is the second/third person, it expresses a strong recommendation or advice in a problematic situation.

연습

1 Express your intent using –어/아야지요.

1) A: 이제 9시인데 벌써 자요?
   B: 내일 아침 비행기를 놓치지 않으려면 일찍 _____.

2) A: 건강에 안 좋은데 담배를 끊는 게 어때요?
   B: 네, 담뱃값도 비싼데 이제 _____.

3) A: 수학이 어렵지 않으세요?
   B: 좀 어렵지만 졸업하려면 열심히 _____.

2 Give your advice in the following situations using –어/아야지요.

1) 손   님: 자리가 없네요.
   종업원: 예약 안 하셨어요? 주말에는 _____.

2) A: 아침에 너무 바빠서 밥을 못 먹었어요.
   B: 아무리 바빠도 아침은 꼭 _____.

3) A: 어제 빗길에 운전하다가 미끄러져서 사고가 날 뻔했어요.
   B: 큰일 날 뻔했네요. 비가 올 때는 조심해서 _____.

문법 2 －어/아야 할지 모르겠다: Expressing uncertainty about what to do

- 새 차가 필요한데 어디서 사야 할지 모르겠어.
- 선생님, 한국어를 어떻게 공부해야 할지 모르겠어요.
- 아버지 생신 때 무슨 선물을 드려야 할지 모르겠어요.

☐ 신혼여행 honeymoon
☐ 시차 time difference

- －어/아야 할지 모르겠다 expresses that the speaker is not certain about what they should do to resolve a problem.
- Note that －어/아야 하다 refers to obligation (Lesson 8) and －(으)ㄹ지 모르다 is used for indirect questions (Lesson 19).
- Typically a question word precedes －어/아야 할지 모르겠다.

연습

1 Convert the following questions into indirect questions using －어/아야 할지 모르겠어요.

> 예 여자 친구 생일에 무슨 선물을 사야 할까요?
> → 여자 친구 생일에 무슨 선물을 사야 할지 모르겠어요.

1) 오늘 점심은 뭘 먹을까요?

   → 오늘 점심은 _____.

2) 유니온 역에 가려고 하는데 여기서 어디로 가야 돼요?

   → 유니온 역에 가려고 하는데 여기서 _____.

3) 생일 파티에 친구들이 오는데 무슨 음식을 준비할까요?

   → 생일 파티에 친구들이 오는데 _____.

2 Complete the conversations using －어/아야 할지 모르겠어요.

1) A: 신혼여행은 _____.

   B: 제주도나 하와이가 어때요?

2) A: 식당에 메뉴가 너무 많아서 _____.

   B: 이 집은 감자탕이 유명하니까 한번 먹어 보세요.

3) A: 한국에 있는 친구한테 전화했어요?

   B: 아니요. 한국하고 캐나다 시차를 몰라서 _____.

문법 3 –는 바람에: Describing an incidental cause for negative results

- 차가 막히는 바람에 약속 시간에 늦었어요.
- 감기에 걸리는 바람에 학교에 못 갔어요.
- 차가 고장 나는 바람에 돈이 많이 들었어요.
- 어제 학교 가는 길에 친구를 만나는 바람에 수업에 늦었어요.

☐ 소나기 rain shower
☐ 젖다 to get wet
☐ 날짜 date

- –는 바람에 is a causal connective that combines two clauses of a cause-and-effect relationship.
- –는 바람에 has similarity with –느라고 in that the result or consequence is typically a negative event.
- The cause of the consequence with –는 바람에 is typically incidental and unavoidable, while that with –느라고 is intentional.
    감기에 걸리느라고 학교에 못 갔어요. (X)
    어제 친구를 만나느라고 수업에 늦었어요. (intentional)

연습

1 Complete the sentences using –는 바람에.

1) 갑자기 소나기가 _____ 옷이 다 젖었어요.

2) 산에서 _____ 다리를 다쳤어요.

3) 오늘 _____ 수업에 늦었어요.

2 Complete the conversations using –는 바람에.

1) A: 케이팝 콘서트에 잘 다녀왔어요?

   B: 아니요, _____ 못 갔어요.

2) A: 왜 여행을 못 갔어요?

   B: 갑자기 _____ 여행을 못 갔어요.

3) A: 어제 왜 미팅에 안 왔어요?

   B: 죄송해요. 미팅 날짜를 _____ 못 갔어요.

4) A: 여행 잘 다녀왔어요?

   B: 아니요, 여행 중에 _____ 제대로 못 했어요.

듣기·말하기 1

1 대화를 듣고 질문에 답하세요.

- 저장되다 to be saved
- 당황스럽다 to be embarrassed
- 혼나다 to be scolded
- 조언 advice

1) 여자는 지금 기분이 어떻습니까?

① 떨린다 ② 신난다
③ 섭섭하다 ④ 당황스럽다

2) 다음 중 맞는 것은 무엇입니까?

① 여자의 숙제는 컴퓨터에 저장됐다. ② 여자는 숙제를 오늘 낼 것이다.
③ 여자의 컴퓨터는 고장이 났다. ④ 여자는 교수님께 이미 연락했다.

2 대화를 듣고 질문에 답하세요.

1) 다음 중 맞는 것은 무엇입니까?

① 남자는 용돈을 벌써 다 썼다.
② 남자는 부모님께 혼나서 기분이 안 좋다.
③ 남자는 여자 친구를 사귄 지 1년이 지났다.
④ 남자는 부모님께 드릴 비싼 선물을 샀다.

2) 여자는 남자에게 어떤 조언을 하고 있습니까?

① 돈이 생길 때마다 모아야 한다.
② 돈을 쓰기 전에 계획을 세워야 한다.
③ 돈을 벌기 위해서 아르바이트를 해야 한다.
④ 돈을 쓰고 나서 얼마를 썼는지 메모를 해야 한다.

3 요즘 무슨 고민이 있으세요? '-어/아야 할지 모르겠다'를 써서 이야기해 보세요.

_____

_____

읽기·쓰기 1

1 글을 읽고 질문에 답하세요.

> 이번 토요일에 김지영 선생님께서 결혼하신다. 선생님이 우리 반 학생들을 초대하셨다. 나는 김지영 선생님께 한국어를 2년 동안 배워서 선생님과 정이 많이 들었다. 그래서 선생님의 결혼식에 반 친구들과 가려고 한다. 그런데 선생님 결혼 선물로 뭐를 사야 할지 모르겠다. 한국 사람들은 결혼식에 선물 대신에 축의금을 주는 관습이 있다고 한다. (a) 그런데 나는 선생님께 축의금보다는 선물을 드리고 싶다. 선생님께서 선물을 보실 때마다 나를 생각하시면 좋겠다. (b) 인터넷 쇼핑몰에서는 주방에서 쓸 수 있는 물건이 요즘 결혼 선물로 인기가 많은 것 같다. (c) 주방용품은 종류도 많고 가격대도 다양해서 예산에 맞는 선물을 고르기도 쉬운 것 같다. (d) 그래서 나는 찻잔 세트를 살까 한다. 선물이 선생님 마음에 들었으면 좋겠다.

☐ 정이 들다 to be attached to
☐ 축의금 money gift
☐ 관습 customs
☐ 주방용품 kitchenware
☐ 가격대 price range
☐ 예산 budget
☐ 찻잔 세트 tea cup set

1) 다음 중 맞는 것은 무엇입니까?
   ① 나는 김 선생님의 결혼 선물을 샀다.
   ② 나는 김 선생님의 결혼식에 혼자 갈 것이다.
   ③ 나는 선물 대신에 돈을 주는 것이 더 좋다고 생각한다.
   ④ 한국에서는 보통 결혼식에 갈 때 선물 대신 돈을 준비한다.

2) 다음 문장이 들어갈 곳으로 가장 알맞은 것을 고르세요.

> 무슨 선물을 골라야 할지 몰라서 인터넷에서 찾아봤다.

   ① (a)   ② (b)   ③ (c)   ④ (d)

3) 글쓴이는 왜 주방용품을 사려고 합니까?
   ① 값이 싸기 때문에
   ② 디자인이 예쁘기 때문에
   ③ 종류가 많기 때문에
   ④ 마음에 안 들면 바꾸기 쉽기 때문에

2 한국의 결혼 문화와 여러분 나라의 결혼 문화는 어떻게 다릅니까? 다른 점을 써 보세요.

_____

_____

대화 2

소피아가 결혼한다는 소식 들었니?

응, 동창회에 갔다가 청첩장을 받았어.

모하메드: 소피아가 다음 달에 결혼한다는 소식 들었니?
제 니 퍼: 응, 나도 주말에 동창회에 갔다가 소피아한테서 청첩장을 받았어.
모하메드: 신랑은 우리가 모르는 사람인데 데이트앱으로 만났다고 하더라고. 소피아랑 성격도 잘 맞고 성실해서 부모님들도 좋아하신대.
제 니 퍼: 나도 한번 가입해 보고 싶은데 믿을 만한지 모르겠다. 좋은 사람인 척하는 사람도 있지 않을까?
모하메드: 믿을 만한가 봐. 게다가 요즘은 인공지능이 나이와 직업 같은 여러 가지 조건을 다 고려해서 어울리는 회원을 만나게 해 준대.
제 니 퍼: 와, 인공지능이 중매까지 해 주는 세상이구나.
모하메드: 그런데 한국 사람들은 결혼할 때 돈을 준다고 하던데 얼마를 준비해야 할지 모르겠네.
제 니 퍼: 요즘은 축의금 대신에 선물을 주기도 하니까 소피아한테 필요한 걸 같이 생각해 보자.

새로운 단어와 표현

- 동창회 alumni reunion
- 신랑 (bride)groom
- 인공지능 AI (artificial intelligence)
- 고려하다 to consider
- 청첩장 wedding invitation
- 성실하다 to be faithful, sincere
- 조건 condition, qualification
- 회원 member
- 중매 matchmaking

❖ Practice the dialogue with the cue words.

A: 주말에 보통 뭐 해요?
B: 보통 _____ⓐ_____ 는데 _____ⓑ_____ 기도 해요.

ⓐ: 요리를 하다 ⓑ: 청소를 하다
　　숙제를 하다　　　친구를 만나다
　　테니스를 치다　　수영을 하다

문법 4 -었/았다가: Shift of actions after completion

- A: 눈 오는데 택시 타고 학교에 갈까?
  B: 지난번에 택시 <u>탔다가</u> 차가 막혀서 지각했잖아.
- 도서관에 <u>갔다가</u> 친구를 만났어요.
- 데이트 신청을 <u>했다가</u> 거절당했어요.

☐ 거절당하다 to be declined
☐ 유통기한 expiration date
☐ 배탈이 나다 to have a stomachache
☐ 혼나다 to have a hard time

- -었/았다가 indicates a shift from one action to another.
- Note that -다가 also indicates a shift from one action to another (Lesson 20). While -다가 indicates that one action has been discontinued due to another one, -었/았다가 implies that the former action has been completed before the later action is performed.
  예) 도서관에 가다가 친구를 만났어요. (On the way to the library …)
  도서관에 갔다가 친구를 만났어요. (I went to the library, and there …)

연습

1 Combine two actions using -었/았다가.

예	날씨가 추운데 밖에서 운동했어요. → 감기에 걸렸어요.
	날씨가 추운데 밖에서 운동했다가 감기에 걸렸어요.

1) 유통기한이 지난 우유를 마셨어요. → 배탈이 났어요.
   _____.

2) 주말에 시내에 나갔어요. → 차가 막혀서 혼났어요.
   _____.

3) 극장에 영화를 보러 갔어요. → 표가 다 팔려서 돌아왔어요.
   _____.

2 Complete the sentences.

1) 등산을 갔다가 _____.

2) 한국 슈퍼에 들렀다가 _____.

3) 비행기 표를 예약했다가 _____.

4) 아침에 운동하러 나갔다가 _____.

5) 온라인 쇼핑에서 옷을 주문했다가 _____.

문법 5   -(으)ㄴ/는 척하다: To pretend to do/be in a state

- 게임을 하는데 엄마가 부르셔서 자는 척했어요.
- 길에서 보기 싫은 친구를 만나서 못 본 척했어요.
- 소개팅에 나갔다가 돈이 많은 척하는 남자를 만났어요.
- 대학생인 척하고 클럽에 들어가려고 했어요.

□ 붇다 to get mushy/soggy
□ 창피하다 to be embarrassed

- -(으)ㄴ/는 척하다 indicates that the subject acts in a way contrary to reality.
- It is translated as 'pretend to do something' with a verb or 'pretend to be in a certain state' with an adjective.
- It is conjugated as follows;

Adjectives		-(으)ㄴ 척하다 -는 척하다	행복한 척하다 재미있는 척하다
Verbs	Present	-는 척하다	모르는 척하다
	Past	-(으)ㄴ 척하다	못 들은 척하다
Noun+이다		-인 척하다	학생인 척하다

연습

1 State what you would pretend to do in the following situations.

예: 친구하고 싸웠는데 길에서 그 친구를 만났습니다.
→ 못 본 척합니다.

1) 친구가 라면을 만들어 주었는데 면이 불어서 맛이 없습니다.
→ _____.

2) 수업에 가기 싫어서 선생님께 이메일을 보냅니다.
→ _____.

3) 요즘 캐나다 생활이 아주 힘든데 부모님한테서 전화가 왔습니다.
→ _____.

4) 친구가 영화를 보여 주었는데 영화가 재미없습니다.
→ _____.

5) 사람이 많은 곳에서 넘어져서 창피했습니다.
→ _____.

문법 6 –기도 하다: Describing multiple states/alternative actions

- A: 요즘 한국 사람들은 호텔에서 결혼한다면서요?
  B: 네, 그런데 교회나 성당에서 결혼하기도 해요.
- 딸이 결혼하니까 기분이 좋기도 하고 섭섭하기도 해요.
- 저는 아침을 먹기도 하고 안 먹기도 해요.

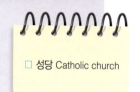

☐ 성당 Catholic church

- -기도 하다 is often used with a verb to add a less common action to a more frequent one.
- With duplication of the structure, -기도 하고 –기도 하다 is used to describe multiple states or alternative actions of an equal probability/frequency.
- When used with adjectives, it describes two or more qualities, emotions, or characteristics that exist at the same time.
  예) 한국어가 어렵기도 하고 재미있기도 해요. (both difficult and fun)
- When used with verbs, it describes two or more alternative actions.
  예) 나는 주말에 음악을 듣기도 하고 책을 읽기도 한다. (either listen to music or read books.)

연습

1 Complete the sentences using –기도 하다.

예)
A: 주말에 보통 뭐 하세요?
B: 주말에 보통 책을 읽는데 영화를 보기도 해요.

1) A: 시간이 있을 때 무슨 운동을 하세요?
   B: 수영을 하는데 _____.

2) A: 아침에는 무슨 음식을 드세요?
   B: 커피하고 빵을 먹는데 _____.

2 Answer the questions using –기도 하고 –기도 하다.

1) 주로 어디에서 공부하세요?
   _____.

2) 학교에 갈 때 뭐 타고 가세요?
   _____.

듣기·말하기 2

1 대화를 듣고 질문에 답하세요.

1) 다음 중 맞는 것은 무엇입니까?
   ① 남자는 소피아 결혼식에 가서 축의금을 냈다.
   ② 여자는 바빠서 소피아 결혼식에 가지 못했다.
   ③ 소피아는 하와이에 신혼여행을 갔다가 돌아왔다.
   ④ 남자하고 여자는 수요일에 소피아 집에 같이 갈 것이다.

2) 집들이 선물로 가져가는 세제는 무엇을 뜻합니까?
   ① 세제 거품처럼 번창하라는 뜻   ② 깨끗하게 살라는 뜻
   ③ 오래 살라는 뜻   ④ 아이를 잘 키우라는 뜻

3) 대화를 듣고 알맞은 말을 넣으세요.

   > 한국 사람들은 집들이 선물로 _____를 가져가기도 한다. 이것은 일이 잘 풀리라는 뜻이다.

- 세제 detergent
- 거품 bubble
- 번창하다 to thrive
- 수명 life expectancy
- –(으)면서 as
- 연령 age
- 지인 acquaintance
- 독특하다 to be unique

2 대화를 듣고 질문에 답하세요.

1) 다음 중 맞는 것은 무엇입니까?
   ① 사람들의 수명이 길어지면서 결혼하는 연령이 옛날보다 높아졌다.
   ② 여자는 결혼을 하지 않으려고 한다.
   ③ 남자는 지금 사귀는 여자 친구와 빨리 결혼하고 싶어 한다.
   ④ 남자의 부모님은 지인의 소개로 만났다.

2) 대화를 듣고 알맞은 단어를 쓰세요.

   > 오래 사귀어 보고 나서 사랑하는 사람과 결혼하는 것을 _____이라고 하고, 결혼할 사람을 지인의 소개로 만나서 결혼하는 것을 _____이라고 한다.

3 여러분 나라의 결혼 문화에 대해서 반 친구들과 이야기해 보세요.

1) 주로 어디에서 결혼해요?
2) 결혼 선물로 무엇을 줘요?
3) 보통 어디로 신혼여행을 가요?
4) 다른 문화에는 없는 독특한 결혼 문화가 있어요?

읽기·쓰기 2

1 글을 읽고 질문에 답하세요.

미신은 과학적인 근거는 없지만 오랫동안 사람들이 가지고 있는 믿음을 말한다. 각 문화의 독특한 미신을 알면 그 문화를 더 잘 이해할 수 있다. 한국 문화에도 다양한 미신이 있다. 예를 들어 미역국은 한국 사람들이 자주 먹는 음식이지만 중요한 시험 보는 날에는 먹지 않는다. 미역이 미끄러워서 시험에서 미끄러진다는 미신이 있기 때문이다. 반대로 시험을 보는 친구들에게 찹쌀떡을 선물하기도 하고 엿을 선물하기도 한다. 이 음식들은 끈적끈적해서 물건에 잘 붙기 때문에 ___㉠___ 에도 잘 붙으라는 뜻이다. 까마귀가 울면 나쁜 일이 생긴다는 믿음도 한국에서 아주 유명한 미신 중의 하나이다. 반대로 아침에 까치가 울면 반가운 손님이 온다는 미신도 있다. 또 한국 사람들은 빨간색 펜으로 이름을 쓰는 것을 피하려고 한다. 빨간색은 피를 뜻하기 때문에 빨간색으로 이름을 쓰면 그 사람이 죽는다는 미신이 있기 때문이다. 이런 한국의 미신을 이해한다면 시험을 보는 친구에게 ___㉡___ 을 선물할 수도 있고, 다른 사람을 배려해서 ___㉢___ 으로 이름을 쓰는 것도 피할 수 있다.

- 과학적(이다) to be scientific
- 근거 grounds
- 믿음 belief
- 예를 들다 to give an example
- 반대로 in contrast
- 찹쌀떡 sticky rice cake
- 엿 Korean taffy
- 끈적끈적하다 to be sticky
- 붙다 to stick (to), pass
- 까마귀 crow
- 까치 magpie
- 피하다 to avoid
- 피 blood
- 배려하다 to consider (others)
- 불길하다 to be unlucky

1) 이 글은 무엇에 대한 글입니까?
   ① 미신의 과학적인 근거
   ② 한국의 다양한 미신
   ③ 미신의 뜻
   ④ 미신을 믿는 이유

2) ㉠에 들어갈 단어는 무엇입니까?
   ① 과제   ② 점수   ③ 시험   ④ 수업

3) ㉡과 ㉢에 들어갈 수 있는 단어는 무엇입니까?
   ① ㉡ 찹쌀떡 – ㉢ 파란색
   ② ㉡ 까치 – ㉢ 파란색
   ③ ㉡ 미역국 – ㉢ 빨간색
   ④ ㉡ 엿 – ㉢ 빨간색

4) 미신에 대한 설명 중 맞는 것은 무엇입니까?
   ① 미신은 과학적이다.
   ② 미신이 없는 나라도 있다.
   ③ 한국 사람들은 미신을 믿지 않는 편이다.
   ④ 미신을 이해하면 사람들을 배려해 줄 수 있다.

2 여러분의 문화에 있는 독특한 미신에 대해서 써 보세요.

_____

_____

한국 문화

Please buy the box! (함 사세요!)

Due to traditional Confucian values in Korea, marriage was often considered as the uniting of two families rather than two people. As a result, marriages were often arranged by two families. The custom of hahm (함) ceremony, a delivery from the groom's family to the bride's family, was a part of this family-oriented marriage culture. The hahm, literally meaning a box, contains honseoji (혼서지: a letter to express appreciation to the bride's parents for allowing the marriage), sajudanja (사주단자: the groom's four pillars of destiny including birth year, month, date, and time), obang jumeoni (오방주머니: five-colored pockets), and a pair of Korean wedding ducks that symbolizes a harmonious marriage life. The groom's family may put other gifts in the box such as jewelry, silk for hanbok, cosmetics, and a designer handbag.

Around a week before the wedding, a group of the groom's male friends or relatives join the delivery parade. Their major role is announcing the wedding to the bride family's neighborhood by shouting "Please buy the box (함 사세요)" and holding traditional lanterns with a red-and-blue shade in the evening. The hamjinabi (함진아비), the delivery man of the box, often wears a dried squid mask to draw people's attention. The bride's family members then encourage the hamjinabi with money and drinks to have him enter the bride's home. Nowadays, this noisy parade ceremony has almost disappeared, and a small suitcase carried by the groom alone is replacing the traditional box.

쉼터

어느 나라의 미신일까요?
여러분 나라에도 비슷한 미신이 있나요?

1. 선풍기를 틀어 놓고 자면 죽는다.
2. 그릇이 깨지면 행운이 찾아온다.
3. 집에서 모자를 쓰면 키가 크지 않는다.
4. 거울이 깨지면 7년 동안 나쁜 일이 생긴다.
5. 청소할 때 빗자루가 발을 건드리면 죽는다.
6. 식사 중에 노래를 부르면 악마가 찾아온다.
7. 사랑하는 사람끼리 배를 나누어 먹으면 이별한다.
8. 중요한 시험을 앞두고 돈까스를 먹으면 시험에 합격한다.
9. 건배할 때 눈을 마주치지 않으면 5년 동안 연애운이 없다.
10. 임신한 여성이 불꽃을 바라보면 아기의 머리카락이 빨간색이 된다.
11. 중요한 시험을 앞두고 머리, 가방, 신발에 소금을 뿌리면 행운이 온다.
12. 식사 중에 칼이 떨어지면 남자 손님이 오고, 포크가 떨어지면 여자 손님이 온다.

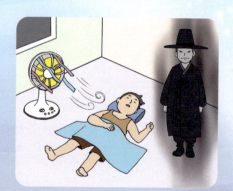

- ☐ 선풍기 fan
- ☐ 깨지다 to break
- ☐ 행운 luck
- ☐ 빗자루 broom
- ☐ 건드리다 to touch
- ☐ 악마 devil
- ☐ 이별하다 to break up
- ☐ 뿌리다 to sprinkle

1. 한국 2. 독일 3. 베트남 4. 패루 5. 인도네시아 6. 이탈리아 7. 중국 8. 일본 9. 뉴기니아 10. 불가리아 11. 이탈리아 12. 러시아

Lesson 24

공부는 하면 할수록 어려운 것 같아.

들어가기

Have you made a decision about your career path? What is your ideal career? Do you plan to work in a specific field after you graduate from school? Is it hard to get a job in your country? How do you search for a job? What is the best way to pass job interviews? Let's talk about career paths and share tips for job interviews.

Learning Objectives

☑ Describing a career path

☑ Expressing continuing state of a completed action

☑ Expressing concerns or fears

Vocabulary résumé, interview, personal statement

Grammar -(으)ㄴ/는 데다가: In addition to

-기 위해(서): In order to

-(으)면 -(으)ㄹ수록: The more ... the more

-(으)ㄹ까 봐(서): Expressing concerns or fears

-어/아 있다: Continuing state of a completed action

-다(가) 보면: If you keep doing something, then...

Korean Culture Improving résumé and personal statement

대화 1

공부는 하면 할수록 어려운 것 같아.

네 적성에 맞으니까 잘할 수 있을 거야.

캐서린 민호야, 취업 준비 잘돼 가?
민 호 응, 얼마 전에 지원했던 동물 병원에서 면접을 보러 오라고 연락이 왔어.
캐서린 어머, 정말? 너무 잘됐다. 넌 동물을 좋아하는 데다가 전공하고도 잘 맞잖아.
민 호 근데 난 동물 병원에 취업을 할지, 창업을 할지 고민이야.
캐서린 창업? 특별히 계획하고 있는 게 있어?
민 호 응, 반려 동물과 관련된 온라인 쇼핑몰을 운영하고 싶어.
캐서린 요즘 반려 동물을 많이 키우니까 그것도 괜찮겠다.
민 호 그런데 사업 경험이 없어서 바로 창업하는 게 좀 걱정이 되기는 해.
캐서린 그럼 경력을 쌓기 위해서 동물 병원에서 당분간 일해 보는 건 어때?
민 호 아무래도 그게 좋겠지? 너는 어때? 대학원 공부는 할 만해?
캐서린 재미는 있는데 공부는 하면 할수록 어려운 것 같아.
민 호 그래도 공부가 네 적성에 잘 맞으니까 잘할 수 있을 거야.

새로운 단어와 표현

- 면접 interview
- 창업 starting a business
- 반려 동물 pet
- 운영하다 to operate, run
- 사업 business
- 아무래도 in all respects
- 경력을 쌓다 to build one's career
- 적성 aptitude
- 성격 personality
- 꼼꼼하다 to be meticulous
- 부지런하다 to be diligent
- 고집이 세다 to be stubborn

❖ Practice the dialogue with the cue words.

A: 그분 성격이 어때요?
B: ⓐ_____ 데다가 ⓑ_____.

ⓐ: 꼼꼼하다   ⓑ: 부지런하다
고집이 세다   화를 자주 내다

문법 1 -(으)ㄴ/는 데다가: In addition to

- 제니퍼는 성격도 좋은 데다가 똑똑하다.
- 우리 어머니는 차분하신 데다가 꼼꼼하세요.
- 비가 오는 데다가 바람까지 불기 시작했다.
- 이 식당은 음식도 맛있는 데다가 값도 싸서 사람이 늘 많아요.

- ☐ 차분하다 to be calm
- ☐ 양 amount
- ☐ 취업 getting a job

- -(으)ㄴ/는 데다가 is used to add a certain act or state to a preceding act or state, making it worse or better.
- -(으)ㄴ/는 데다가 is conjugated as follows:

Adjectives		-(으)ㄴ 데다가	큰 데다가 / 작은 데다가
Verbs	Present	-는 데다가	오는 데다가 / 먹는 데다가
	Past	-(으)ㄴ 데다가	온 데다가 / 먹은 데다가
Noun+이다		-인 데다가	선생님인 데다가

연습

1 Fill in the blanks using the most appropriate words using -(으)ㄴ/는 데다가.

| 귀엽다 | 가르치다 | 적다 | 덥다 |

1) 작년 여름은 _____ 비도 많이 왔어요.
2) 우리 집 강아지는 _____ 똑똑해요.
3) 김 선생님은 잘 _____ 학생들에게 친절해요.
4) 학교 앞 분식집은 양이 _____ 값도 비싸서 자주 안 가요.

2 Complete the conversations using -(으)ㄴ/는 데다가.

1) A: 왜 이렇게 늦었어?
   B: 미안해. _____ 차까지 막혀서 늦었어.

2) A: 찰리한테 요즘 안 좋은 일 있어?
   B: 여자 친구와 _____ 취업 면접에도 떨어졌나 봐.

3) A: 유럽 여행은 어땠어요?
   B: 물가가 생각보다 _____ 사람이 많아서 고생했어요.

4) A: 오늘 구경한 집은 어땠어요?
   B: 괜찮았어요. 새로 지어서 _____ 햇빛도 잘 들었어요.

문법 2 －기 위해(서): In order to

- 시험에 합격하기 위해서 공부를 열심히 해요.
- 돈을 많이 벌기 위해 아르바이트를 세 개나 해요.
- 건강을 위해서 운동을 열심히 하세요.
- 똑똑해지기 위해서 책을 많이 읽어요.

☐ 유지하다 to keep
☐ 서비스센터 customer centre

- －기 위해(서) is attached to a verb to indicate that the preceding action is the purpose of the latter action.
- －기 위해(서) is interchangeable with －(으)려고 in most cases. However, －(으)려고 cannot be used with imperative or propositive sentences.
  예) 건강을 유지하려고 운동을 열심히 하세요/하자. (×)
- For nouns, －을/를 위해(서) is used.
- For adjectives, －아/어지기 위해(서) is used.

연습

1 Complete the sentences using －기 위해서.

1) 비행기를 _____ 공항에 갔어요.

2) 어제 컴퓨터를 _____ 서비스센터에 갔어요.

3) 우리 어머니는 _____ 매일 등산을 하세요.

4) _____ 공부를 열심히 했어요.

2 Complete the conversations using －기 위해서.

1) A: 아르바이트를 세 개나 해요?

   B: 네, _____ 돈을 모으고 있거든요.

2) A: 책을 왜 이렇게 많이 샀어요?

   B: _____ 많이 샀어요.

3) A: 스티븐, 요새는 지각하지 않네요.

   B: 네, 선생님. _____ 노력하고 있어요.

4) A: 메이 씨는 한국어를 왜 공부해요?

   B: 한국 친구하고 한국어로 _____ 한국어를 공부해요.

Lesson 24 공부는 하면 할수록 어려운 것 같아. 131

문법 3 -(으)면 -(으)ㄹ수록: The more ... the more

- 한국어는 배우면 배울수록 재미있는 것 같아.
- 이 노래는 들으면 들을수록 좋아요.
- 햇빛이 강하면 강할수록 살이 많이 타요.
- 게임은 할수록 중독이 되는 것 같아.

- 강하다 to be strong
- 살이 타다 to get a sunburn
- 중독 addiction
- 선수 player
- 헛소문 false rumor
- 퍼뜨리다 to spread

■ -(으)면 -(으)ㄹ수록 expresses a parallel progression: when one element of the comparison increases or decreases, the element in the second clause increases or decreases as well.
■ It can be translated as 'the more... the more... / the less... the less...'
■ -(으)면 can be omitted.

연습

1 Fill in the blanks using the most appropriate words using –(으)면 –(으)ㄹ수록.

| 가깝다 | 크다 | 알다 | 많다 |

1) 친구는 _____ 좋아요.
2) 농구 선수는 키가 _____ 좋아요.
3) 미나 씨는 _____ 좋은 사람이에요.
4) 학교에서 집은 _____ 좋아요.

2 Complete the conversations using –(으)면 –(으)ㄹ수록.

1) A: 언제까지 갈까요?
   B: _____ 좋아요.

2) A: 여자 친구랑 헤어져서 요즘 많이 힘들어요.
   B: 시간이 _____ 괜찮아질 거야.

3) A: 같은 책을 여러 번 읽네요.
   B: 이 책은 _____ 느낌이 달라요.

4) A: 제인이 너에 대한 헛소문을 퍼뜨리고 다닌다면서?
   B: 응. 그렇대. _____ 화가 나.

듣기·말하기 1

1 대화를 듣고 질문에 답하세요.

> □ 공학 engineering
> □ 경영학 business administration
> □ 추천서 recommendation letter
> □ 성적 grade
> □ 합격하다 to pass

1) 여자는 졸업하고 무엇을 하려고 하나요?
   ① 여행 작가　　　② 한국 여행
   ③ 여행사 운영　　④ 여행 가이드

2) 여자의 전공은 무엇입니까?
   ① 문학　　　　　② 경제학
   ③ 컴퓨터공학　　④ 경영학

3) 여자가 여행사 일에 잘 어울리는 이유를 2가지 고르세요.
   ① 돈을 많이 벌 수 있어서　　② 여행을 많이 다녀 봐서
   ③ 사람을 만나는 걸 좋아해서　④ 한국어를 잘해서

2 대화를 듣고 맞으면 T, 틀리면 F를 고르세요.

1) 남자는 IT 회사에 취업하려고 한다.　　　　　　　(T / F)
2) 남자는 여자에게 추천서를 부탁하러 왔다.　　　　(T / F)
3) 남자는 성격은 좋지만 학교 성적이 좋지 않다.　　(T / F)
4) 남자와 여자는 추천서 때문에 다시 만나기로 했다.(T / F)
5) 남자는 대학원 시험에 합격했다.　　　　　　　　(T / F)

3 취업 준비에 대해 반 친구들과 이야기해 보세요.

> 예　졸업 후에 무슨 일을 하고 싶어요?
> 　　그 일을 하려면 무엇이 필요해요?
> 　　어떻게 준비하고 있어요?

Lesson 24 공부는 하면 할수록 어려운 것 같아.

읽기·쓰기 1

1 글을 읽고 질문에 답하세요.

㉠

　저는 어릴 때 운전할 수 있는 장난감 자동차를 선물 받은 날을 잊지 못합니다. 작은 장난감이지만, 전기로 움직이는 자동차는 너무 신기했습니다. 자동차에 대한 행복한 기억은 자동차를 배우고 싶은 마음으로 이어졌습니다. 대학교에서 수업을 들으면서 자동차에 대해 많은 것을 공부하였고, 자동차 정비 회사에서 인턴을 하면서 자동차를 고치는 기술도 배웠습니다.

　저는 새로운 기술을 가진 자동차를 보면 가슴이 뜁니다. 새로운 기술에 대해 공부하기 위해 밤을 새우기도 합니다. 자동차를 ㉡_____ 궁금한 것들이 더 많이 생깁니다. 자동차는 저의 미래이고 희망입니다. 대한자동차 회사는 저의 미래와 희망을 만드는 곳입니다. 그래서 저는 대한자동차에서 제 꿈을 이루고 싶습니다.

- ☐ 장난감 toy
- ☐ 전기 electricity
- ☐ 움직이다 to move
- ☐ 이어지다 to be connected
- ☐ 정비 repair
- ☐ 기술 skill, technology
- ☐ 새롭다 to be new
- ☐ 가슴이 뛰다 one's heart pounds
- ☐ 미래 future
- ☐ 희망 hope
- ☐ 이루다 to achieve
- ☐ 목적 purpose
- ☐ 보고서 report
- ☐ 자기소개서 cover letter/personal statement

1) 이 글의 목적은 무엇입니까?

　① 졸업을 하기 위해서　　　② 일을 그만두기 위해서
　③ 회사에 취업하기 위해서　④ 대학원에 들어가기 위해서

2) ㉠에 들어갈 말은 무엇입니까?

　① 이력서　② 보고서　③ 추천서　④ 자기소개서

3) ㉡에 들어갈 말은 무엇입니까?

　① 팔면 팔수록　　　　② 사면 살수록
　③ 공부하면 공부할수록　④ 만들면 만들수록

2 여러분이 하고 싶은 일과 관련된 자기소개서를 써 보세요.

_____
_____
_____
_____

대화 2

취업이 잘 안 될까 봐 걱정이에요.

잘 될 거예요.

김지영 다니엘 씨, 요즘 어떻게 지내고 있어요?
다니엘 취업 준비하느라고 정신이 없어요. 한국은 경쟁률이 높아서 취업이 잘 안 될까 봐 걱정이에요.
김지영 다니엘 씨는 성적도 좋고 인턴 경험도 많으니까 잘 될 거예요. 그런데 어디에 지원하려고 해요?
다니엘 IT 관련 기업에 지원하려고요. 그런데 제출할 서류가 생각보다 많네요. 마감일이 며칠 안 남았는데 그때까지 다 할 수 있을지 모르겠어요.
김지영 마감일이 언제예요?
다니엘 이틀밖에 안 남았는데 자기소개서를 아직 다 못 써서 걱정이에요. 어떻게 마무리해야 할지 모르겠어요.
김지영 그래도 시간이 좀 남아 있으니까 걱정하지 말고 잘 준비해 보세요. 계속 쓰다 보면 좋은 생각이 날 거예요.
다니엘 감사합니다. 최선을 다하겠습니다.

새로운 단어와 표현

- 경쟁률 competition rate
- 제출하다 to submit
- 이틀 two days
- 생각이 나다 to occur to one's mind
- 기업 company, enterprise
- 마감일 due date
- 마무리하다 to finish

❖ Practice the dialogue with the cue words.

A: 왜 ⓐ ?
B: ⓑ (으)ㄹ까 봐 그래요.

ⓐ: 커피를 안 마시다   ⓑ: 밤에 잠이 안 오다
표를 미리 사다   자리가 없다
우산을 챙겨가다   비가 오다

Lesson 24 공부는 하면 할수록 어려운 것 같아.

문법 4 －(으)ㄹ까 봐(서): Expressing concerns or fears

- 시험에 떨어질까 봐 밤새 공부했어요.
- 길이 막힐까 봐서 집에서 일찍 출발했어요.
- 우리 아이가 스마트폰 중독일까 봐 걱정이에요.
- A: 왜 자꾸 시계를 봐요?
  B: 약속 시간에 늦을까 봐 그래요. (= 약속 시간에 늦을까 봐요.)

☐ 알람을 맞추다 to set the alarm

- －(으)ㄹ까 봐(서) is a causal connective indicating one's concerns or fears about an undesirable event which causes the action or state in the second clause.
- When responding to a question, the main clause can be omitted or replaced with 그렇다.
- It can be translated as 'because I'm concerned about …'

연습

1 Fill in the blanks using the most appropriate words using －(으)ㄹ까 봐.

| 지각하다 | 춥다 | 깨다 | 나빠지다 | 없다 |

1) 아기가 _____ 엄마는 작게 말해요.
2) 건강이 _____ 담배를 끊었어요.
3) 날씨가 _____ 두꺼운 옷을 입었어요.
4) 식당에 자리가 _____ 일주일 전에 예약했어요.
5) 회사에 _____ 자기 전에 알람을 맞춰 놓았어요.

2 Complete the conversations using －(으)ㄹ까 봐.

1) A: 교통사고난 거 부모님께 얘기했어요?
   B: 아니요. 엄마가 아시면 _____ 얘기 못 했어요.
2) A: 내일 말하기 대회에서 발표하지요?
   B: 네, 그런데 _____ 걱정이 돼요.
3) A: 왜 벌써 가세요?
   B: 버스를 _____ 그래요.
4) A: 오늘 커피를 많이 마시네요.
   B: 이따가 수업 시간에 _____.

문법 5 –어/아 있다: Continuing state of a completed action

- 창문이 열려 있어요.
- 티브이가 켜져 있어요.
- 학생들이 교실 앞에 서 있어요.
- 어제 가게에 가 보니까 문이 닫혀 있었어요.

☐ 서다 to stand
☐ 벽 wall
☐ 어항 fish tank

- -어/아 있다 indicates a continuous state of being after an action has been completed.
- It is used with intransitive verbs (가다, 앉다, 서다, etc.) or verbs with a passive suffix (열리다, 잠기다, 닫히다, etc.).
- -어/아 있다 describes the continuation of a state, while -고 있다 expresses the progression of an action.
- Both -어/아 놓다 and -어/아 있다 focus on the state after the action has been completed. Note that -어/아 놓다 implies that the subject does the action for future use with an intention.
  예) 저는 창문을 열고 있어요. (I am opening the window now.)
  저는 창문을 열어 놨어요. (I opened the window for future use and it remains open.)
  창문이 열려 있어요. (The window has been opened by someone and remains open.)

연습

1 Fill in the blanks with the most appropriate word using –어/아 있다.

| 걸리다 | 살다 | 피다 | 앉다 |

1) 공원에 꽃이 활짝 _____.
2) 교실 벽에 그림이 _____.
3) 어항 속 물고기들이 여전히 _____.
4) 수진이는 3시간 동안 책상에 _____. 공부할 게 많은 모양이다.

2 Complete the conversations using –어/아 있다.

1) A: 동생 지금 뭐 하니?
   B: 침대에 _____.

2) A: 맛나 분식에서 뭐 먹었어요?
   B: 식당에 갔는데 문이 _____. 그래서 다른 식당에 갔어요.

문법 6 –다(가) 보면: If you keep doing something, then...

- 노래를 부르면서 춤을 <u>추다 보면</u> 기분이 좋아져요.
- 외국에서 <u>살다 보면</u> 고향이 그리워질 때가 있어요.
- 바쁘게 <u>지내다 보면</u> 중요한 일을 잊어버릴 때가 있어요.
- 매일 한국어를 <u>연습하다가 보면</u> 잘하게 될 거예요.

☐ 그립다 to miss
☐ 결과 result
☐ 늘어나다 to stretch
☐ 낯설다 to be unfamiliar
☐ 익숙하다 to be familiar
☐ 포기하다 to give up

- –다(가) 보면 expresses the fact that if one continues to perform an action over time, the outcome in the second clause is most likely to take place.
- It is not allowed to use the past tense after –다(가) 보면.
  친구하고 놀다가 보면 다쳤어요. (X)
- It is often used to offer advice to someone. (e.g., -다가 보면 –하게 될 거예요.)

연습

1 Fill in the blanks with the most appropriate word using –다가 보면.

| 최선을 다하다 | 이야기하다 | 긴장하다 | 먹다 | 살다 |

1) _____ 좋은 일도 있고 나쁜 일도 있어요.
2) _____ 좋은 결과가 나올 거예요.
3) 발표할 때 너무 _____ 실수하기 쉬워요.
4) 그 친구하고 _____ 시간이 너무 빨리 지나가요.
5) 처음에는 떡볶이가 매워도 계속 _____ 좋아하게 될 거예요.

2 Complete the conversations using –다가 보면.

1) A: 실례합니다. 여기 편의점이 어디 있어요?
   B: 이 길을 쭉 _____ 오른쪽에 보일 거예요.

2) A: 오늘 처음으로 새 구두를 신었는데 발이 좀 아프네요.
   B: 걷기 힘들겠네요. 그래도 며칠 동안 _____ 신발이 좀 늘어날 거예요.

3) A: 지난주부터 한국어를 듣는데 아직 분위기가 낯설어요.
   B: 수업을 며칠 _____ 익숙해질 거예요.

4) A: 한국어를 삼 년 동안 배웠는데도 잘 못해서 고민이에요.
   B: 포기하지 말고 계속 한국어를 _____ 잘하게 될 거예요.

듣기·말하기 2

1 대화를 듣고 질문에 답하세요.

- 인턴십 internship
- 도움이 되다 to be helpful
- 알아듣다 to comprehend
- 녹음하다 to record

1) 다음 중 맞는 것은 무엇입니까?
   ① 여자는 내일모레 면접이 있다.
   ② 여자의 전공은 경영학이다.
   ③ 여자는 인턴십에 떨어진 적이 있다.
   ④ 남자는 면접을 본 적이 없다.

2) 여자는 왜 면접을 걱정하고 있습니까?
   ① 면접 장소에 늦을까 봐
   ② 질문을 못 알아들을까 봐
   ③ 질문에 대답을 못 할까 봐
   ④ 면접하는 날에 아플까 봐

3) 여자는 면접을 어떻게 준비하고 있습니까?
   ① 큰 소리로 연습한다.
   ② 목소리를 녹음해서 들어 본다.
   ③ 친구들하고 연습한다.
   ④ 거울을 보면서 연습한다.

2 여러분이 요즘 걱정하고 있는 것을 '–(으)ㄹ까 봐 걱정/고민이에요'를 사용해서 써 보세요.

| 예 | 취업을 못 <u>할까 봐</u> 고민이에요. |

1) _____
2) _____
3) _____

3 2번에 쓴 친구의 걱정이나 고민을 듣고 –'다가 보면'을 써서 말해 보세요.

| 예 | A: 취업을 못 할까 봐 걱정이에요.
B: 계속 <u>지원하다가 보면</u> 좋은 소식이 있을 거예요. |

Lesson 24 공부는 하면 할수록 어려운 것 같아. **139**

읽기·쓰기 2

1 글을 읽고 질문에 답하세요.

나는 요즘 취업 준비 때문에 바쁘게 지낸다. 며칠 전에 취업 관련 인터넷 사이트를 보다가 내가 일하고 싶은 회사 한 군데를 찾았다. 내 전공과도 잘 맞는 데다가 한번 해 보고 싶은 일이라서 지원하려고 한다. 지원 마감일까지 일주일이 남아 있다. 오늘부터 최선을 다해서 준비할 것이다. 지난번에 지원한 회사는 떨어졌기 때문에 이번에도 떨어질까 봐 조금 걱정이 된다. 꼭 합격해서 이 회사에서 일하게 되면 좋겠다.

- 분야 area
- 자격 qualification
- 대졸 college graduate
- 이상 more than
- 경력자 experienced worker
- 우대 favorable treatment ; preferred
- 졸업증명서 certificate of graduation
- 게시판 bulletin board
- 필기 written

함께 일할 분을 찾습니다

- 분야: 그래픽 디자인
- 자격: -대졸 이상
  -디자인 관련 전공자
  -디자인 경력자 우대
- 제출 서류: 이력서, 자기소개서, 졸업증명서, 추천서
  1차 서류-2차 면접
- 마감일: 4월 25일
- 지원 방법: 회사 웹사이트
  (www.gooddesign.co.kr)

1) 다음 중 맞는 것은 무엇입니까?

① 오늘은 4월 19일이다.
② 나는 학교 게시판에서 광고를 봤다.
③ 나는 다른 회사에 지원한 적이 있다.
④ 나는 오늘 회사 지원을 끝냈다.

2) 위의 광고에 대해 맞는 것은 무엇입니까?

① 모든 지원자는 필기시험을 봐야 한다.
② 대학교를 다니는 학생도 지원할 수 있다.
③ 이 회사는 디자인을 전공한 사람을 찾고 있다.
④ 이런 일을 해 본 경험이 있어야 지원할 수 있다.

2 아래 그림을 보고 '-어/아 있다'를 사용해서 문장을 써 보세요.

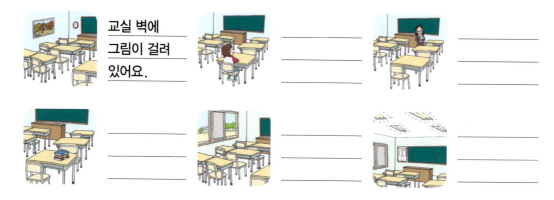

교실 벽에 그림이 걸려 있어요.

한국 문화

스펙 쌓기(Improving résumé)와 자기소개서

College graduates are facing increasing challenges in finding employment in Korea. They put a great deal of effort into improving their résumé by building specification (스펙 쌓기). Spec (스펙) is an abbreviation for specification, but in Korea, it is used as a slightly different term. It refers to one's academic background, grades, Test of English for International Communication (TOEIC) score, and qualifications that are often emphasized by job seekers to employers. Having a good specification can be an important factor in obtaining a job. Thus, college students strive to build their résumés.

As you may know, many Korean companies require job applicants to submit a personal statement (자기소개서). Like a cover letter in the North America, the personal statement is an essay in which one introduces themselves with a purpose. Job applicants use the statement to provide detailed information about themselves and demonstrate their suitability for the position.

The statement should generally include the following information: an applicant's family and educational background, their strengths and weaknesses, values, plans for the future, etc. Below is a template of a personal statement.

자기소개서

성장 과정	Describe your family background and growth process.
지원 동기	Provide rationale for applying for this position.
성격의 장·단점	Describe the strengths and weaknesses of your personality.
취미 및 특기	Describe your hobbies and specialties.
계획 및 포부	Describe your future plans and hopes.

Counting Days in Korean

The number of days can be expressed in native Korean words or Sino-Korean numbers. Native Korean words indicate a short span of time (e.g., a day, two days) whereas Sino-Korean words indicate a longer span of time. It is considered more formal to use a Sino-Korean number with days rather than native words.

※ 빈 칸에 알맞은 단어를 〈보기〉에서 골라 써 넣으세요.

| 보기 | 나흘 | 여드레 | 엿새 | 열흘 | 이틀 |

Sino-Korean	Native Korean
일 일	하루
이 일	
삼 일	사흘
사 일	
오 일	닷새
육 일	
칠 일	이레
팔 일	
구 일	아흐레
십 일	
십오 일	보름(열닷새)

Appendices

Vocabulary List 1: by lesson
Vocabulary List 2: in alphabetical order
Answer Key
Listening Script
English Translation

Vocabulary List 1: by lesson

단어	뜻	단원	영역
아르바이트생	part-time worker	17	대화1
광고	advertisement	17	대화1
사장	business owner	17	대화1
이력서	resume	17	대화1
서빙	serving	17	대화1
자신	confidence	17	대화1
덜	less	17	대화1
젊다	to be young	17	대화1
무리하다	to strain oneself	17	대화1
나오다	to start work	17	대화1
기억이 나다	to remember	17	문법1
늘	always	17	문법1
헤어지다	to break up	17	문법2
마스터하다	to master	17	문법2
부자	rich person	17	문법2
졸리다	to feel sleepy	17	문법2
망하다	to be ruined	17	문법2
혹시	perhaps	17	문법3
답하다	to answer	17	듣기·말하기1
지원하다	to apply	17	듣기·말하기1
시급	hourly wage	17	듣기·말하기1
장학금	scholarship	17	듣기·말하기1
등록금	tuition	17	듣기·말하기1
카운터	counter	17	읽기·쓰기1
물건	item, thing	17	읽기·쓰기1
정리하다	to organize, arrange	17	읽기·쓰기1
서류	document	17	읽기·쓰기1
배달	delivery	17	읽기·쓰기1
오토바이	motorcycle	17	읽기·쓰기1
이후	after	17	읽기·쓰기1
고민	worry	17	대화2
월세	monthly rent	17	대화2
저런	Oh, no!	17	대화2
큰일 나다	to be in a big trouble	17	대화2
자리	position	17	대화2
한턱내다	to treat (to a meal)	17	대화2
망가지다	to be broken	17	대화2
망치다	to ruin	17	대화2
잊다	to forget	17	대화2
넘다	to exceed	17	문법4
마치	as if	17	문법4
죽다	to die	17	문법5
짜증나다	to be annoyed	17	문법5

단어	뜻	단원	영역
답답하다	to be frustrated	17	문법5
괴롭히다	to bother	17	문법5
통하다	to communicate	17	문법5
짖다	to bark	17	문법5
자동차	car	17	문법5
용돈	pocket money	17	문법6
놓치다	to miss	17	문법6
비밀	secret	17	문법6
서다	to stop	17	문법6
지우다	to delete	17	문법6
늙다	to get old	17	문법6
실수	mistake	17	문법6
파일	file	17	문법6
쾅	bang	17	문법6
알바비	pay from part-time job	17	듣기·말하기2
웹사이트	website	17	듣기·말하기2
신문	newspaper	17	듣기·말하기2
응원	cheer	17	듣기·말하기2
구독	subscription	17	듣기·말하기2
제목	title	17	읽기·쓰기2
주방	kitchen	17	읽기·쓰기2
-에 대해서	about	17	읽기·쓰기2
답장	reply	17	읽기·쓰기2
알맞다	to be appropriate	17	읽기·쓰기2
목	throat	18	대화1
붓다 (부어요)	to become swollen	18	대화1
두통	headache	18	대화1
콧물이 나다	to have a runny nose	18	대화1
체온	body temperature	18	대화1
재다	to measure, take	18	대화1
열	fever	18	대화1
유행하다	to go viral	18	대화1
처방하다	to prescribe	18	대화1
식사	meal	18	대화1
일단	for now	18	대화1
푹	fully	18	대화1
낫다 (나아요)	to get better, recover	18	대화1
당분간	for a while	18	대화1
생강	ginger	18	문법1
상관없이	regardless	18	문법1
복습하다	to review	18	문법1
상자	box	18	문법2
들다 (듭니다)	to carry	18	문법2
기사	driver	18	문법2
귀	ear	18	문법3
앞머리	bangs	18	문법3

단어	뜻	단원	영역
어울리다	to suit, fit	18	문법3
동전	coin	18	듣기·말하기1
곡	song, counting unit for music	18	듣기·말하기1
어버이날	Parents' Day	18	듣기·말하기1
카네이션	carnation	18	듣기·말하기1
어리다	to be young	18	읽기·쓰기1
약하다	to be weak	18	읽기·쓰기1
재채기	sneeze	18	읽기·쓰기1
주사를 맞다	to get a shot	18	읽기·쓰기1
어느 날	one day	18	읽기·쓰기1
싫다	to dislike	18	읽기·쓰기1
지금도	even now	18	읽기·쓰기1
이유	reason	18	읽기·쓰기1
문법	grammar	18	읽기·쓰기1
몸이 안 좋다	not to feel well	18	대화2
며칠	several days	18	대화2
독하다	to be severe	18	대화2
몸조리하다	to take care of one's health	18	대화2
주인공	main character	18	문법4
고향	hometown	18	문법4
베를린	Berlin	18	문법4
당장	right away	18	문법5
끊다	to quit	18	문법5
묻다 (물어요)	to ask	18	문법5
잘해 주다	to be nice to (someone)	18	문법6
얼굴	face	18	문법6
반팔	short-sleeved (top)	18	문법6
갑자기	suddenly	18	문법6
생기다	to open	18	듣기·말하기2
과일	fruit	18	듣기·말하기2
환자	patient	18	듣기·말하기2
간호사	nurse	18	듣기·말하기2
약사	pharmacist	18	듣기·말하기2
소화가 안 되다	to have indigestion	18	듣기·말하기2
과식하다	to overeat	18	듣기·말하기2
후회하다	to regret	18	듣기·말하기2
피부	skin	18	읽기·쓰기2
화장품	cosmetic	18	읽기·쓰기2
가렵다 (가려워요)	to be itchy	18	읽기·쓰기2
직접	firsthand	18	읽기·쓰기2
올리브유	olive oil	18	읽기·쓰기2
처럼	like...	18	읽기·쓰기2
뿌듯하다	to be proud	18	읽기·쓰기2
약국	pharmacy	18	읽기·쓰기2
오래간만/오랜만	in a long time	19	대화1
밝다	to be bright	19	대화1

단어	뜻	단원	영역
교통	traffic	19	대화1
이삿짐	goods to be moved	19	대화1
거의	almost	19	대화1
옷장	closet	19	대화1
고생하다	to have a hard time	19	대화1
들르다	to drop by	19	대화1
데이트하다	to have a date	19	대화1
회의	meeting	19	문법1
정신없다	to be hectic	19	문법1
화나다	to be angry	19	문법1
잡지	magazine	19	문법2
쌀쌀하다	to be chilly	19	문법2
하늘	sky	19	문법2
갔다 오다	to go and come back	19	문법3
잃다	to lose	19	문법3
부치다	to send	19	문법3
반납하다	to return	19	문법3
내내	throughout	19	듣기·말하기1
쓰레기	trash	19	듣기·말하기1
콩나물	bean sprout	19	듣기·말하기1
환하다	to be bright	19	읽기·쓰기1
짓다 (지어요)	to build	19	읽기·쓰기1
햇빛이 들다 (듭니다)	to be lighted by the sun	19	읽기·쓰기1
세탁기	washing machine	19	읽기·쓰기1
거리	distance	19	읽기·쓰기1
전기세	electricity bill	19	읽기·쓰기1
포함되다	to be included	19	읽기·쓰기1
남향	southward	19	읽기·쓰기1
반지하	semi-basement	19	읽기·쓰기1
공기	air	19	읽기·쓰기1
바뀌다	to be changed	19	읽기·쓰기1
원래	originally	19	대화2
안그래도	as a matter of fact	19	대화2
집들이	housewarming party	19	대화2
오래되다	to become old	19	대화2
제가 듣기로는	from what I heard	19	대화2
휴지	toilet paper	19	대화2
풀리다	to be unrolled, untangled	19	대화2
뜻	meaning	19	대화2
신기하다	to be amazing/interesting	19	대화2
장마	monsoon season	19	문법4
시작되다	to be started	19	문법4
수술하다	to operate	19	문법5
눈	eye	19	문법6
군데	counting unit for place(s)	19	듣기·말하기2
이미	already	19	듣기·말하기2

단어	뜻	단원	영역
음식점	restaurant	19	듣기·말하기2
부동산	real estate	19	듣기·말하기2
사무실	office	19	듣기·말하기2
짜리	worth	19	듣기·말하기2
가구	furniture	19	듣기·말하기2
식탁	dining table	19	듣기·말하기2
소파	sofa	19	듣기·말하기2
책장	bookshelf	19	읽기·쓰기2
가격	price	19	읽기·쓰기2
알리다	to inform	19	읽기·쓰기2
강의	lecture	20	대화1
성수기	peak season	20	대화1
항공권	airplane ticket	20	대화1
할인	discount	20	대화1
비자	visa	20	대화1
영사관	consulate office	20	대화1
신청하다	to apply	20	대화1
싱가포르	Singapore	20	대화1
야경	night view	20	대화1
로마	Rome	20	대화1
볼거리	tourist attractions	20	대화1
한테서	from (person)	20	문법1
결혼식	wedding ceremony	20	문법1
지진	earthquake	20	문법1
취소되다	to be canceled	20	문법1
아쉽다 (아쉬워요)	to feel sorry	20	문법1
호랑이	tiger	20	문법2
동물원	zoo	20	문법2
초등학교	elementary school	20	문법2
급하다	to be in a hurry	20	문법3
어디	somewhere	20	문법3
건물	building	20	듣기·말하기1
패키지	(travel) package	20	듣기·말하기1
파리	Paris	20	듣기·말하기1
에펠탑	Eiffel Tower	20	듣기·말하기1
직항	direct flight	20	읽기·쓰기1
경유	stopover	20	읽기·쓰기1
편도	one-way	20	읽기·쓰기1
판매	sales	20	읽기·쓰기1
문의	inquiry	20	읽기·쓰기1
주소	address	20	읽기·쓰기1
왕복	round-trip	20	읽기·쓰기1
보이다	to be seen	20	대화2
사거리	intersection	20	대화2
오른쪽	right side	20	대화2
쭉	straight	20	대화2

단어	뜻	단원	영역
건너다	to cross	20	대화2
바로	immediately	20	대화2
왼쪽	left side	20	대화2
시장	marketplace	20	대화2
방송국	broadcasting station	20	대화2
경찰서	police station	20	대화2
신호등	traffic lights	20	대화2
잠이 들다 (듭니다)	to fall asleep	20	문법4
화학	chemistry	20	문법4
어깨	shoulder	20	문법4
빠지다	to fall for	20	문법4
월급	salary	20	문법5
첫눈에	at first sight	20	문법5
반하다	to have a crush	20	문법5
울다	to cry	20	문법5
떨어뜨리다	to drop	20	문법5
렌트하다	to rent	20	듣기·말하기2
휴게소	rest area	20	듣기·말하기2
간식	snack	20	듣기·말하기2
고속도로	highway	20	듣기·말하기2
비틀거리다	to stagger	20	듣기·말하기2
일등을 하다	to win first place	20	듣기·말하기2
지나가다	to pass by	20	읽기·쓰기2
데려다주다	to accompany	20	읽기·쓰기2
그동안	for the time, so far	20	읽기·쓰기2
사용하다	to use	20	읽기·쓰기2
등장인물	character	21	대화1
각각	each, every	21	대화1
개성	unique personality	21	대화1
매력적이다	to be attractive	21	대화1
배우	actor	21	대화1
연기하다	to act	21	대화1
스토리	story	21	대화1
탄탄하다	to be solid	21	대화1
사고가 나다	to have a car accident	21	문법1
아마	perhaps	21	문법1
패딩	padded jacket	21	문법1
영하	sub-zero	21	문법1
챙기다	to take	21	문법2
우연히	accidentally	21	문법2
늘	always	21	문법3
점수	score	21	문법3
지저분하다	to be messy	21	문법3
똑똑하다	to be smart	21	문법3
설명	explanation	21	문법3
연예인	entertainer	21	듣기·말하기1

단어	뜻	단원	영역
에피소드	episode	21	듣기·말하기1
작가	writer	21	듣기·말하기1
작품	work (of art)	21	듣기·말하기1
영화감독	movie director	21	읽기·쓰기1
전혀	not at all	21	읽기·쓰기1
자막	subtitles	21	읽기·쓰기1
단어	words	21	읽기·쓰기1
노력하다	to make efforts	21	읽기·쓰기1
모습	looks	21	읽기·쓰기1
왠지	for some reason	21	읽기·쓰기1
하늘의 별 따기	being practically impossible	21	대화2
예매	ticketing	21	대화2
운	luck	21	대화2
순식간	a brief instant	21	대화2
요령	tips	21	대화2
비법	secret	21	대화2
전수하다	to hand down	21	대화2
매진되다	to be sold out	21	대화2
대기하다	to wait	21	대화2
늦어도	at the latest	21	대화2
동시에	at the same time	21	대화2
이용하다	to use	21	대화2
대단하다	to be awesome	21	대화2
쌩쌩하다	to be energetic	21	문법4
택배	parcel delivery	21	문법4
대신	instead	21	문법4
과제	assignment	21	문법4
고춧가루	red pepper powder	21	문법4
쌓다	to pile	21	문법5
저절로	by itself	21	문법5
잠그다	to lock	21	문법5
막다	to block	21	문법5
잡다	to catch	21	문법5
물다	to bite	21	문법5
걸다	to hang	21	문법5
안다	to hug	21	문법5
쫓다	to chase	21	문법5
세월	time	21	문법6
판	counting unit of plate	21	문법6
한숨도 못 자다	to not sleep a wink	21	듣기·말하기2
팬픽	fan fiction	21	듣기·말하기2
다운받다	to download	21	듣기·말하기2
목이 마르다	to be thirsty	21	듣기·말하기2
눈치 보다	to watch out how someone will react	21	읽기·쓰기2
멀티뷰	multi-view	21	읽기·쓰기2
자세히	closely	21	읽기·쓰기2

단어	뜻	단원	영역
섭섭하다	to be regrettable	21	읽기·쓰기2
시청	watching	21	읽기·쓰기2
신기록	new record	21	읽기·쓰기2
세우다	to make [record]	21	읽기·쓰기2
미용사	hair designer	22	대화1
머리숱	amount of hair	22	대화1
적다	to be few	22	대화1
풍성하다	to be plentiful	22	대화1
파마	perm	22	대화1
염색	dyeing	22	대화 1
몇 번	several times	22	대화 1
머리카락	hair	22	대화1
상하다	to be damaged	22	대화1
천연 파마약	natural perm chemical	22	대화1
굵은 웨이브	loose curl	22	대화1
자연스럽다	to be natural	22	대화1
진하다	to be heavy (makeup)	22	대화1
외국어	foreign language	22	문법1
전학	transfer to another school	22	문법1
장거리	long distance	22	문법1
연애	romantic relationship	22	문법1
차례	turn	22	문법1
커튼	curtain	22	문법2
봉지	bag (counting unit)	22	문법2
여러분	everyone	22	문법2
깨다	to wake up	22	문법3
익다	to ripen, to be cooked	22	문법3
얼다	to be frozen	22	문법3
남다	to remain	22	문법3
굶다	to starve	22	문법3
크다	to grow	22	문법3
달다	to become hot	22	문법3
개그맨	comedian	22	문법3
얼음	ice	22	문법3
답답하다	to be stuffy	22	듣기·말하기1
다듬다	to trim	22	듣기·말하기1
돌보다	to take care of	22	듣기·말하기1
유치원	kindergarten	22	듣기·말하기1
관련되다	to be relevant	22	듣기·말하기1
만에	after	22	읽기·쓰기1
인테리어	interior design	22	읽기·쓰기1
고급스럽다	to be luxurious	22	읽기·쓰기1
다양하다	to be diverse	22	읽기·쓰기1
덕분에	thanks to	22	읽기·쓰기1
수건	towel	22	읽기·쓰기1
가운	gown	22	읽기·쓰기1

단어	뜻	단원	영역
올리다	to put up	22	읽기·쓰기1
문장	sentence	22	읽기·쓰기1
놀랍다	to be surprising	22	읽기·쓰기1
하마터면	nearly	22	대화2
분위기	vibe	22	대화2
한 듯 안한 듯	as if one does not do it	22	대화2
비결	secret	22	대화2
관심	interest	22	대화2
외모	appearance	22	대화2
남성용	for men	22	대화2
신경 쓰다	to pay attention	22	대화2
늘다	to increase	22	대화2
방귀	fart	22	문법4
참다	to suppress	22	문법4
떨어지다	to fail	22	문법4
태우다	to burn	22	문법4
안개	fog	22	문법4
짙다	to be thick	22	문법4
연휴	holidays	22	문법5
이발하다	to get a haircut	22	문법5
어쩌면	possibly	22	문법5
목도리	winter scarf	22	문법5
한국식	Korean style	22	문법6
예상	expectation	22	문법6
기말	final	22	문법6
발음하다	to pronounce	22	문법6
순서	order	22	문법6
이기다	to win	22	문법6
입장하다	to enter	22	문법6
근사하다	to be fabulous	22	듣기·말하기2
모델	model	22	듣기·말하기2
정장	suit	22	듣기·말하기2
인기를 끌다	to make a splash	22	읽기·쓰기2
제품	product	22	읽기·쓰기2
한류	the Korean Wave	22	읽기·쓰기2
품질	quality	22	읽기·쓰기2
돋보이다	to stand out	22	읽기·쓰기2
안전하다	to be safe	22	읽기·쓰기2
엊그저께	a few days ago	23	대화1
싸우다	to argue, fight	23	대화1
화해하다	to reconcile	23	대화1
기분이 풀리다	to feel better	23	대화1
꽃다발	bouquet	23	대화1
근사하다	to be splendid	23	대화1
제대로	properly	23	대화1
챙기다	to take care of	23	대화1

단어	뜻	단원	영역
애인	lover	23	대화1
도망가다	to run away	23	대화1
미신	superstition	23	대화1
웬일	what reasons	23	대화1
퇴근하다	to leave work	23	문법1
빗길	rainy road	23	문법1
미끄러지다	to slip, skid	23	문법1
신혼여행	honeymoon	23	문법2
시차	time difference	23	문법2
소나기	rain shower	23	문법3
젖다	to get wet	23	문법3
날짜	date	23	문법3
저장되다	to be saved	23	듣기·말하기1
당황스럽다	to be embarrassed	23	듣기·말하기1
혼나다	to be scolded	23	듣기·말하기1
조언	advice	23	듣기·말하기1
정이 들다	to be attached to	23	읽기·쓰기1
축의금	money gift	23	읽기·쓰기1
관습	customs	23	읽기·쓰기1
주방용품	kitchenware	23	읽기·쓰기1
가격대	price range	23	읽기·쓰기1
예산	budget	23	읽기·쓰기1
찻잔 세트	tea cup set	23	읽기·쓰기1
동창회	alumni reunion	23	대화2
청첩장	wedding invitation	23	대화2
신랑	(bride)groom	23	대화2
성실하다	to be faithful, sincere	23	대화2
인공지능	AI (artificial intelligence)	23	대화2
조건	condition, qualification	23	대화2
고려하다	to consider	23	대화2
회원	member	23	대화2
중매	matchmaking	23	대화2
거절당하다	to be declined	23	문법4
유통기한	expiration date	23	문법4
배탈이 나다	to have a stomachache	23	문법4
혼나다	to have a hard time	23	문법4
붇다	to be mushy/soggy	23	문법5
창피하다	to be embarrassed	23	문법5
성당	Catholic church	23	문법6
세제	detergent	23	듣기·말하기2
거품	bubble	23	듣기·말하기2
번창하다	to thrive	23	듣기·말하기2
수명	life expectancy	23	듣기·말하기2
-(으)면서	as	23	듣기·말하기2
연령	age	23	듣기·말하기2
지인	acquaintance	23	듣기·말하기2

단어	뜻	단원	영역
독특하다	to be unique	23	듣기·말하기2
과학적이다	to be scientific	23	읽기·쓰기2
근거	grounds	23	읽기·쓰기2
믿음	belief	23	읽기·쓰기2
예를 들다	to give an example	23	읽기·쓰기2
반대로	in contrast	23	읽기·쓰기2
찹쌀떡	sticky rice cake	23	읽기·쓰기2
엿	Korean taffy	23	읽기·쓰기2
끈적끈적하다	to be sticky	23	읽기·쓰기2
붙다	to stick (to), pass	23	읽기·쓰기2
까마귀	crow	23	읽기·쓰기2
까치	magpie	23	읽기·쓰기2
피하다	to avoid	23	읽기·쓰기2
피	blood	23	읽기·쓰기2
배려하다	to consider (others)	23	읽기·쓰기2
불길하다	to be unlucky	23	읽기·쓰기2
면접	interview	24	대화1
창업	starting a business	24	대화1
반려 동물	pet	24	대화1
운영하다	to operate, to run	24	대화1
사업	business	24	대화1
경력을 쌓다	to build one's career	24	대화1
아무래도	in all respects	24	대화1
적성	aptitude	24	대화1
성격	personality	24	대화1
꼼꼼하다	to be meticulous	24	대화1
부지런하다	to be diligent	24	대화1
고집이 세다	to be stubborn	24	대화1
차분하다	to be calm	24	문법1
양	amount	24	문법1
취업	getting a job	24	문법1
유지하다	to keep	24	문법2
서비스센터	customer centre	24	문법2
강하다	to be strong	24	문법3
살이 타다	to get a sunburn	24	문법3
중독	addiction	24	문법3
선수	player	24	문법3
헛소문	false rumor	24	문법3
퍼뜨리다	to spread	24	문법3
공학	engineering	24	듣기·말하기1
경영학	business administration	24	듣기·말하기1
추천서	recommendation letter	24	듣기·말하기1
성적	grade	24	듣기·말하기1
합격하다	to pass	24	듣기·말하기1
장난감	toy	24	읽기·쓰기1
전기	electricity	24	읽기·쓰기1

단어	뜻	단원	영역
움직이다	to move	24	읽기·쓰기1
이어지다	to be connected	24	읽기·쓰기1
정비	repair	24	읽기·쓰기1
기술	skill, technology	24	읽기·쓰기1
새롭다	to be new	24	읽기·쓰기1
가슴이 뛰다	one's heart pounds	24	읽기·쓰기1
미래	future	24	읽기·쓰기1
희망	hope	24	읽기·쓰기1
이루다	to achieve	24	읽기·쓰기1
목적	purpose	24	읽기·쓰기1
보고서	report	24	읽기·쓰기1
자기소개서	cover letter/personal statement	24	읽기·쓰기1
경쟁률	competition rate	24	대화2
기업	company, enterprise	24	대화2
제출하다	to submit	24	대화2
마감일	due date	24	대화2
이틀	two days	24	대화2
마무리하다	to finish	24	대화2
생각이 나다	to occur to one's mind	24	대화2
알람을 맞추다	to set the alarm	24	문법4
서다	to stand	24	문법5
벽	wall	24	문법5
어항	fish tank	24	문법5
그립다	to miss	24	문법6
결과	result	24	문법6
늘어나다	to stretch	24	문법6
낯설다	to be unfamiliar	24	문법6
익숙하다	to be familiar	24	문법6
포기하다	to give up	24	문법6
인턴십	internship	24	듣기·말하기2
도움이 되다	to be helpful	24	듣기·말하기2
알아듣다	to comprehend	24	듣기·말하기2
녹음하다	to record	24	듣기·말하기2
분야	area	24	읽기·쓰기2
자격	qualification	24	읽기·쓰기2
대졸	college graduate	24	읽기·쓰기2
경력자	experienced worker	24	읽기·쓰기2
우대	favorable treatment;preferred	24	읽기·쓰기2
졸업증명서	certificate of graduation	24	읽기·쓰기2
게시판	bulletin board	24	읽기·쓰기2

Vocabulary List 2: in alphabetical order

단어	뜻	단원	영역
가격	price	19	읽기·쓰기2
가격대	price range	23	읽기·쓰기1
가구	furniture	19	듣기·말하기2
가렵다 (가려워요)	to be itchy	18	읽기·쓰기2
가슴이 뛰다	one's heart pounds	24	읽기·쓰기1
가운	gown	22	읽기·쓰기1
각각	each, every	21	대화1
간식	snack	20	듣기·말하기2
간호사	nurse	18	듣기·말하기2
갑자기	suddenly	18	문법6
갔다 오다	to go and come back	19	문법3
강의	lecture	20	대화1
강하다	to be strong	24	문법3
개그맨	comedian	22	문법3
개성	unique personality	21	대화1
거리	distance	19	읽기·쓰기1
거의	almost	19	대화1
거절당하다	to be declined	23	문법4
거품	bubble	23	듣기·말하기2
건너다	to cross	20	대화2
건물	building	20	듣기·말하기1
걸다	to hang	21	문법5
게시판	bulletin board	24	읽기·쓰기2
결과	result	24	문법6
결혼식	wedding ceremony	20	문법1
경력을 쌓다	to build one's career	24	대화1
경력자	experienced worker	24	읽기·쓰기2
경영학	business administration	24	듣기·말하기1
경유	stopover	20	읽기·쓰기1
경쟁률	competition rate	24	대화2
경찰서	police station	20	대화2
고급스럽다	to be luxurious	22	읽기·쓰기1
고려하다	to consider	23	대화2
고민	worry	17	대화2
고생하다	to have a hard time	19	대화1
고속도로	highway	20	듣기·말하기2
고집이 세다	to be stubborn	24	대화1
고춧가루	red pepper powder	21	문법4
고향	hometown	18	문법4
곡	song, counting unit for music	18	듣기·말하기1
공기	air	19	읽기·쓰기1
공학	engineering	24	듣기·말하기1
과식하다	to overeat	18	듣기·말하기2

단어	뜻	단원	영역
과일	fruit	18	듣기·말하기2
과제	assignment	21	문법4
과학적이다	to be scientific	23	읽기·쓰기2
관련되다	to be relevant	22	듣기·말하기1
관습	customs	23	읽기·쓰기1
관심	interest	22	대화2
광고	advertisement	17	대화 1
괴롭히다	to bother	17	문법5
교통	traffic	19	대화1
구독	subscription	17	듣기·말하기2
군데	counting unit for place(s)	19	듣기·말하기2
굵은 웨이브	loose curl	22	대화1
굶다	to starve	22	문법3
귀	ear	18	문법3
그동안	for the time, so far	20	읽기·쓰기2
그립다	to miss	24	문법6
근거	grounds	23	읽기·쓰기2
근사하다	to be fabulous	22	듣기·말하기2
근사하다	to be splendid	23	대화1
급하다	to be in a hurry	20	문법3
기말	final	22	문법6
기분이 풀리다	to feel better	23	대화1
기사	driver	18	문법2
기술	skill, technology	24	읽기·쓰기1
기억이 나다	to remember	17	문법1
기업	company, enterprise	24	대화2
까마귀	crow	23	읽기·쓰기2
까치	magpie	23	읽기·쓰기2
깨다	to wake up	22	문법3
꼼꼼하다	to be meticulous	24	대화1
꽃다발	bouquet	23	대화1
꽝	bang	17	문법6
끈적끈적하다	to be sticky	23	읽기·쓰기2
끊다	to quit	18	문법5
나오다	to start work	17	대화1
날짜	date	23	문법3
남다	to remain	22	문법3
남성용	for men	22	대화2
남향	southward	19	읽기·쓰기1
낫다 (나아요)	to get better, recover	18	대화1
낯설다	to be unfamiliar	24	문법6
내내	throughout	19	듣기·말하기1
넘다	to exceed	17	문법4
노력하다	to make efforts	21	읽기·쓰기1
녹음하다	to record	24	듣기·말하기2
놀랍다	to be surprising	22	읽기·쓰기1

단어	뜻	단원	영역
놓치다	to miss	17	문법6
눈	eye	19	문법6
눈치 보다	to watch out how someone will react	21	읽기·쓰기2
늘	always	17	문법1
늘	always	21	문법3
늘다	to increase	22	대화2
늘어나다	to stretch	24	문법6
늙다	to get old	17	문법6
늦어도	at the latest	21	대화2
다듬다	to trim	22	듣기·말하기1
다양하다	to be diverse	22	읽기·쓰기1
다운받다	to download	21	듣기·말하기2
단어	words	21	읽기·쓰기1
달다	to become hot	22	문법3
답답하다	to be frustrated	17	문법5
답답하다	to be stuffy	22	듣기·말하기1
답장	reply	17	읽기·쓰기2
답하다	to answer	17	듣기·말하기1
당분간	for a while	18	대화1
당장	right away	18	문법5
당황스럽다	to be embarrassed	23	듣기·말하기1
대기하다	to wait	21	대화2
대단하다	to be awesome	21	대화2
대신	instead	21	문법4
대졸	college graduate	24	읽기·쓰기2
덕분에	thanks to	22	읽기·쓰기1
덜	less	17	대화1
데려다주다	to accompany	20	읽기·쓰기2
데이트하다	to have a date	19	대화1
도망가다	to run away	23	대화1
도움이 되다	to be helpful	24	듣기·말하기2
독특하다	to be unique	23	듣기·말하기2
독하다	to be severe	18	대화2
돋보이다	to stand out	22	읽기·쓰기2
돌보다	to take care of	22	듣기·말하기1
동물원	zoo	20	문법2
동시에	at the same time	21	대화2
동전	coin	18	듣기·말하기1
동창회	alumni reunion	23	대화2
두통	headache	18	대화1
들다 (듭니다)	to carry	18	문법2
들르다	to drop by	19	대화1
등록금	tuition	17	듣기·말하기1
등장인물	character	21	대화1
떨어뜨리다	to drop	20	문법5
떨어지다	to fail	22	문법4

단어	뜻	단원	영역
똑똑하다	to be smart	21	문법3
뜻	meaning	19	대화2
렌트하다	to rent	20	듣기·말하기2
로마	Rome	20	대화1
마감일	due date	24	대화2
마무리하다	to finish	24	대화2
마스터하다	to master	17	문법2
마치	as if	17	문법4
막다	to block	21	문법5
만에	after	22	읽기·쓰기1
망가지다	to be broken	17	대화2
망치다	to ruin	17	대화2
망하다	to be ruined	17	문법2
매력적이다	to be attractive	21	대화1
매진되다	to be sold out	21	대화2
머리숱	amount of hair	22	대화1
머리카락	hair	22	대화1
멀티뷰	multi-view	21	읽기·쓰기2
며칠	several days	18	대화2
면접	interview	24	대화1
몇 번	several times	22	대화 1
모델	model	22	듣기·말하기2
모습	looks	21	읽기·쓰기1
목	throat	18	대화1
목도리	winter scarf	22	문법5
목이 마르다	to be thirsty	21	듣기·말하기2
목적	purpose	24	읽기·쓰기1
몸이 안 좋다	not to feel well	18	대화2
몸조리하다	to take care of one's health	18	대화2
무리하다	to strain oneself	17	대화1
문법	grammar	18	읽기·쓰기1
문의	inquiry	20	읽기·쓰기1
문장	sentence	22	읽기·쓰기1
묻다 (물어요)	to ask	18	문법5
물건	item, thing	17	읽기·쓰기1
물다	to bite	21	문법5
미끄러지다	to slip, skid	23	문법1
미래	future	24	읽기·쓰기1
미신	superstition	23	대화1
미용사	hair designer	22	대화1
믿음	belief	23	읽기·쓰기2
바뀌다	to be changed	19	읽기·쓰기1
바로	immediately	20	대화2
반납하다	to return	19	문법3
반대로	in contrast	23	읽기·쓰기2
반려 동물	pet	24	대화1

Vocabulary List 2: in alphabetical order

단어	뜻	단원	영역
반지하	semi-basement	19	읽기·쓰기1
반팔	short-sleeved (top)	18	문법6
반하다	to have a crush	20	문법5
발음하다	to pronounce	22	문법6
밝다	to be bright	19	대화1
방귀	fart	22	문법4
방송국	broadcasting station	20	대화2
배달	delivery	17	읽기·쓰기1
배려하다	to consider (others)	23	읽기·쓰기2
배우	actor	21	대화1
배탈이 나다	to have a stomachache	23	문법4
번창하다	to thrive	23	듣기·말하기2
베를린	Berlin	18	문법4
벽	wall	24	문법5
보고서	report	24	읽기·쓰기1
보이다	to be seen	20	대화2
복습하다	to review	18	문법1
볼거리	tourist attractions	20	대화1
봉지	bag (counting unit)	22	문법2
부동산	real estate	19	듣기·말하기2
부자	rich person	17	문법2
부지런하다	to be diligent	24	대화1
부치다	to send	19	문법3
분야	area	24	읽기·쓰기2
분위기	vibe	22	대화2
붇다	to be mushy/soggy	23	문법5
불길하다	to be unlucky	23	읽기·쓰기2
붓다 (부어요)	to become swollen	18	대화1
붙다	to stick (to), pass	23	읽기·쓰기2
비결	secret	22	대화2
비밀	secret	17	문법6
비법	secret	21	대화2
비자	visa	20	대화1
비틀거리다	to stagger	20	듣기·말하기2
빗길	rainy road	23	문법1
빠지다	to fall for	20	문법4
뿌듯하다	to be proud	18	읽기·쓰기2
사거리	intersection	20	대화2
사고가 나다	to have a car accident	21	문법1
사무실	office	19	듣기·말하기2
사업	business	24	대화1
사용하다	to use	20	읽기·쓰기2
사장	business owner	17	대화1
살이 타다	to get a sunburn	24	문법3
상관없이	regardless	18	문법1
상자	box	18	문법2

단어	뜻	단원	영역
상하다	to be damaged	22	대화1
새롭다	to be new	24	읽기·쓰기1
생각이 나다	to occur to one's mind	24	대화2
생강	ginger	18	문법1
생기다	to open	18	듣기·말하기2
서다	to stop	17	문법6
서다	to stand	24	문법5
서류	document	17	읽기·쓰기1
서비스센터	customer centre	24	문법2
서빙	serving	17	대화1
선수	player	24	문법3
설명	explanation	21	문법3
섭섭하다	to be regrettable	21	읽기·쓰기2
성격	personality	24	대화1
성당	Catholic church	23	문법6
성수기	peak season	20	대화1
성실하다	to be faithful, sincere	23	대화2
성적	grade	24	듣기·말하기1
세우다	to make [record]	21	읽기·쓰기2
세월	time	21	문법6
세제	detergent	23	듣기·말하기2
세탁기	washing machine	19	읽기·쓰기1
소나기	rain shower	23	문법3
소파	sofa	19	듣기·말하기2
소화가 안 되다	to have indigestion	18	듣기·말하기2
수건	towel	22	읽기·쓰기1
수명	life expectancy	23	듣기·말하기2
수술하다	to operate	19	문법5
순서	order	22	문법6
순식간	a brief instant	21	대화2
스토리	story	21	대화1
시급	hourly wage	17	듣기·말하기1
시작되다	to be started	19	문법4
시장	marketplace	20	대화2
시차	time difference	23	문법2
시청	watching	21	읽기·쓰기2
식사	meal	18	대화1
식탁	dining table	19	듣기·말하기2
신경 쓰다	to pay attention	22	대화2
신기록	new record	21	읽기·쓰기2
신기하다	to be amazing/interesting	19	대화2
신랑	(bride)groom	23	대화2
신문	newspaper	17	듣기·말하기2
신청하다	to apply	20	대화1
신호등	traffic lights	20	대화2
신혼여행	honeymoon	23	문법2

단어	뜻	단원	영역
실수	mistake	17	문법6
싫다	to dislike	18	읽기·쓰기1
싱가포르	Singapore	20	대화1
싸우다	to argue, fight	23	대화1
쌀쌀하다	to be chilly	19	문법2
쌓다	to pile	21	문법5
쌩쌩하다	to be energetic	21	문법4
쓰레기	trash	19	듣기·말하기1
아르바이트생	part-time worker	17	대화1
아마	perhaps	21	문법1
아무래도	in all respects	24	대화1
아쉽다 (아쉬워요)	to feel sorry	20	문법1
안개	fog	22	문법4
안그래도	as a matter of fact	19	대화2
안다	to hug	21	문법5
안전하다	to be safe	22	읽기·쓰기2
알람을 맞추다	to set the alarm	24	문법4
알리다	to inform	19	읽기·쓰기2
알맞다	to be appropriate	17	읽기·쓰기2
알바비	pay from part-time job	17	듣기·말하기2
알아듣다	to comprehend	24	듣기·말하기2
앞머리	bangs	18	문법3
애인	lover	23	대화1
야경	night view	20	대화1
약국	pharmacy	18	읽기·쓰기2
약사	pharmacist	18	듣기·말하기2
약하다	to be weak	18	읽기·쓰기1
양	amount	24	문법1
어깨	shoulder	20	문법4
어느 날	one day	18	읽기·쓰기1
어디	somewhere	20	문법3
어리다	to be young	18	읽기·쓰기1
어버이날	Parents' Day	18	듣기·말하기1
어울리다	to suit, fit	18	문법3
어쩌면	possibly	22	문법5
어항	fish tank	24	문법5
얼굴	face	18	문법6
얼다	to be frozen	22	문법3
얼음	ice	22	문법3
엊그저께	a few days ago	23	대화1
-에 대해서	about	17	읽기·쓰기2
에펠탑	Eiffel Tower	20	듣기·말하기1
에피소드	episode	21	듣기·말하기1
여러분	everyone	22	문법2
연기하다	to act	21	대화1
연령	age	23	듣기·말하기2

단어	뜻	단원	영역
연애	romantic relationship	22	문법1
연예인	entertainer	21	듣기·말하기1
연휴	holidays	22	문법5
열	fever	18	대화1
염색	dyeing	22	대화 1
엿	Korean taffy	23	읽기·쓰기2
영사관	consulate office	20	대화1
영하	sub-zero	21	문법1
영화감독	movie director	21	읽기·쓰기1
예를 들다	to give an example	23	읽기·쓰기2
예매	ticketing	21	대화2
예산	budget	23	읽기·쓰기1
예상	expectation	22	문법6
오래간만/오랜만	in a long time	19	대화1
오래되다	to become old	19	대화2
오른쪽	right side	20	대화2
오토바이	motorcycle	17	읽기·쓰기1
올리다	to put up	22	읽기·쓰기1
올리브유	olive oil	18	읽기·쓰기2
옷장	closet	19	대화1
왕복	round-trip	20	읽기·쓰기1
왠지	for some reason	21	읽기·쓰기1
외국어	foreign language	22	문법1
외모	appearance	22	대화2
왼쪽	left side	20	대화2
요령	tips	21	대화2
용돈	pocket money	17	문법6
우대	favorable treatment;preferred	24	읽기·쓰기2
우연히	accidentally	21	문법2
운	luck	21	대화2
운영하다	to operate, to run	24	대화1
울다	to cry	20	문법5
움직이다	to move	24	읽기·쓰기1
원래	originally	19	대화2
월급	salary	20	문법5
월세	monthly rent	17	대화2
웬일	what reasons	23	대화1
웹사이트	website	17	듣기·말하기2
유지하다	to keep	24	문법2
유치원	kindergarten	22	듣기·말하기1
유통기한	expiration date	23	문법4
유행하다	to go viral	18	대화1
-(으)면서	as	23	듣기·말하기2
음식점	restaurant	19	듣기·말하기1
응원	cheer	17	듣기·말하기2
이기다	to win	22	문법6

단어	뜻	단원	영역
이력서	resume	17	대화1
이루다	to achieve	24	읽기·쓰기1
이미	already	19	듣기·말하기2
이발하다	to get a haircut	22	문법5
이삿짐	goods to be moved	19	대화1
이어지다	to be connected	24	읽기·쓰기1
이용하다	to use	21	대화2
이유	reason	18	읽기·쓰기1
이틀	two days	24	대화2
이후	after	17	읽기·쓰기1
익다	to ripen, to be cooked	22	문법3
익숙하다	to be familiar	24	문법6
인공지능	AI (artificial intelligence)	23	대화2
인기를 끌다	to make a splash	22	읽기·쓰기2
인턴십	internship	24	듣기·말하기2
인테리어	interior design	22	읽기·쓰기1
일단	for now	18	대화1
일등을 하다	to win first place	20	듣기·말하기2
잃다	to lose	19	문법3
입장하다	to enter	22	문법6
잊다	to forget	17	대화2
자격	qualification	24	읽기·쓰기2
자기소개서	cover letter/personal statement	24	읽기·쓰기1
자동차	car	17	문법5
자리	position	17	대화2
자막	subtitles	21	읽기·쓰기1
자세히	closely	21	읽기·쓰기2
자신	confidence	17	대화1
자연스럽다	to be natural	22	대화1
작가	writer	21	듣기·말하기1
작품	work (of art)	21	듣기·말하기1
잘해 주다	to be nice to (someone)	18	문법6
잠그다	to lock	21	문법5
잠이 들다 (듭니다)	to fall asleep	20	문법4
잡다	to catch	21	문법5
잡지	magazine	19	문법2
장거리	long distance	22	문법1
장난감	toy	24	읽기·쓰기1
장마	monsoon season	19	문법4
장학금	scholarship	17	듣기·말하기1
재다	to measure, take	18	대화1
재채기	sneeze	18	읽기·쓰기1
저런	Oh, no!	17	대화2
저장되다	to be saved	23	듣기·말하기1
저절로	by itself	21	문법5
적다	to be few	22	대화1

단어	뜻	단원	영역
적성	aptitude	24	대화1
전기	electricity	24	읽기·쓰기1
전기세	electricity bill	19	읽기·쓰기1
전수하다	to hand down	21	대화2
전학	transfer to another school	22	문법1
전혀	not at all	21	읽기·쓰기1
젊다	to be young	17	대화1
점수	score	21	문법3
정리하다	to organize, arrange	17	읽기·쓰기1
정비	repair	24	읽기·쓰기1
정신없다	to be hectic	19	문법1
정이 들다	to be attached to	23	읽기·쓰기1
정장	suit	22	듣기·말하기2
젖다	to get wet	23	문법3
제가 듣기로는	from what I heard	19	대화2
제대로	properly	23	대화1
제목	title	17	읽기·쓰기2
제출하다	to submit	24	대화2
제품	product	22	읽기·쓰기2
조건	condition, qualification	23	대화2
조언	advice	23	듣기·말하기1
졸리다	to feel sleepy	17	문법2
졸업증명서	certificate of graduation	24	읽기·쓰기2
주방	kitchen	17	읽기·쓰기2
주방용품	kitchenware	23	읽기·쓰기1
주사를 맞다	to get a shot	18	읽기·쓰기1
주소	address	20	읽기·쓰기1
주인공	main character	18	문법4
죽다	to die	17	문법5
중독	addiction	24	문법3
중매	matchmaking	23	대화2
지금도	even now	18	읽기·쓰기1
지나가다	to pass by	20	읽기·쓰기2
지우다	to delete	17	문법6
지원하다	to apply	17	듣기·말하기1
지인	acquaintance	23	듣기·말하기2
지저분하다	to be messy	21	문법3
지진	earthquake	20	문법1
직접	firsthand	18	읽기·쓰기2
직항	direct flight	20	읽기·쓰기1
진하다	to be heavy (makeup)	22	대화1
집들이	housewarming party	19	대화2
짓다 (지어요)	to build	19	읽기·쓰기1
짖다	to bark	17	문법5
짙다	to be thick	22	문법4
짜리	worth	19	듣기·말하기2

단어	뜻	단원	영역
짜증나다	to be annoyed	17	문법5
쫓다	to chase	21	문법5
쭉	straight	20	대화2
차례	turn	22	문법1
차분하다	to be calm	24	문법1
참다	to suppress	22	문법4
찹쌀떡	sticky rice cake	23	읽기·쓰기2
찻잔 세트	tea cup set	23	읽기·쓰기1
창업	starting a business	24	대화1
창피하다	to be embarrassed	23	문법5
책장	bookshelf	19	읽기·쓰기2
챙기다	to take	21	문법2
챙기다	to take care of	23	대화1
처럼	like...	18	읽기·쓰기2
처방하다	to prescribe	18	대화1
천연 파마약	natural perm chemical	22	대화1
첫눈에	at first sight	20	문법5
청첩장	wedding invitation	23	대화2
체온	body temperature	18	대화1
초등학교	elementary school	20	문법2
추천서	recommendation letter	24	듣기·말하기1
축의금	money gift	23	읽기·쓰기1
취소되다	to be canceled	20	문법1
취업	getting a job	24	문법1
카네이션	carnation	18	듣기·말하기1
카운터	counter	17	읽기·쓰기1
커튼	curtain	22	문법2
콧물이 나다	to have a runny nose	18	대화1
콩나물	bean sprout	19	듣기·말하기1
크다	to grow	22	문법3
큰일 나다	to be in a big trouble	17	대화2
탄탄하다	to be solid	21	대화1
태우다	to burn	22	문법4
택배	parcel delivery	21	문법4
통하다	to communicate	17	문법5
퇴근하다	to leave work	23	문법1
파리	Paris	20	듣기·말하기1
파마	perm	22	대화1
파일	file	17	문법6
판	counting unit of plate	21	문법6
판매	sales	20	읽기·쓰기1
패키지	(travel) package	20	듣기·말하기1
패딩	padded jacket	21	문법1
팬픽	fan fiction	21	듣기·말하기2
퍼뜨리다	to spread	24	문법3
편도	one-way	20	읽기·쓰기1

단어	뜻	단원	영역
포기하다	to give up	24	문법6
포함되다	to be included	19	읽기·쓰기1
푹	fully	18	대화1
풀리다	to be unrolled, untangled	19	대화2
품질	quality	22	읽기·쓰기2
풍성하다	to be plentiful	22	대화1
피	blood	23	읽기·쓰기2
피부	skin	18	읽기·쓰기2
피하다	to avoid	23	읽기·쓰기2
하늘	sky	19	문법2
하늘의 별 따기	being practically impossible	21	대화2
하마터면	nearly	22	대화2
한 듯 안한 듯	as if one does not do it	22	대화2
한국식	Korean style	22	문법6
한류	the Korean Wave	22	읽기·쓰기2
한숨도 못 자다	to not sleep a wink	21	듣기·말하기2
한턱내다	to treat (to a meal)	17	대화2
한테서	from (person)	20	문법1
할인	discount	20	대화1
합격하다	to pass	24	듣기·말하기1
항공권	airplane ticket	20	대화1
햇빛이 들다 (듭니다)	to be lighted by the sun	19	읽기·쓰기1
헛소문	false rumor	24	문법3
헤어지다	to break up	17	문법2
호랑이	tiger	20	문법2
혹시	perhaps	17	문법3
혼나다	to be scolded	23	듣기·말하기1
혼나다	to have a hard time	23	문법4
화나다	to be angry	19	문법1
화장품	cosmetic	18	읽기·쓰기2
화학	chemistry	20	문법4
화해하다	to reconcile	23	대화1
환자	patient	18	듣기·말하기2
환하다	to be bright	19	읽기·쓰기1
회원	member	23	대화2
회의	meeting	19	문법1
후회하다	to regret	18	듣기·말하기2
휴게소	rest area	20	듣기·말하기2
휴지	toilet paper	19	대화2
희망	hope	24	읽기·쓰기1

Answer Key

17과 아르바이트한 지 일주일 됐어요.

[문법 1]
1. 1) 벌기는   2) 배우기는
   3) 아프기는   4) 먹기는
   5) 예쁘기는
2. 1) 맛있기는 한데   2) 어렵기는 한데
   3) 건강한 편이시긴 한데

[문법 2]
1. 1) 자도   2) 졸려도
   3) 많아도   4) 먹어도
   5) 아파도
2. 1) 예 해도   2) 예 기다려도
   3) 예 공부해도

[문법 3]
1. 1) 사랑하나요   2) 사나요
   3) 대학생인가요   4) 큰가요
   5) 보내셨나요
2. 1) 아닌가요   2) 재미있나요
   3) 추운가요   4) 만드나요

[듣기·말하기 1]
1. 1) ①   2) ②   3) ③   4) ③
   5) 이력서
2. 1) F   2) T   3) T   4) F
   5) T

[읽기·쓰기 1]
1. 1) ③   2) ④   3) ④
2. 1) T   2) T   3) F   4) F

[문법 4]
1. 1) 산 지   2) 기다린 지
   3) 이사한 지   4) 다닌 지
2. 1) 온 지   2) 먹은 지
   3) 산 지   4) 헤어진 지
   5) 일한 지

[문법 5]
1. 1) 귀여워 죽겠어요   2) 아파 죽겠어요
   3) 짜증나 죽겠어요   4) 배고파 죽겠어요
   5) 답답해 죽겠어요   6) 시끄러워 죽겠어요
   7) 졸려 죽겠어요
2. 1) 예 사고 싶어 죽겠어요
   2) 예 먹고 싶어 죽겠어요
   3) 예 쉬고 싶어 죽겠어요
   4) 예 나가고 싶어 죽겠어요
   5) 예 마시고 싶어 죽겠어요
   6) 예 가고 싶어 죽겠어요

[문법 6]
1. 1) 잊어버렸어요   2) 고장 나 버렸어요
   3) 알아 버렸어요   4) 서 버렸어요
   5) 끝나 버렸어요   6) 잘라 버렸어요
   7) 먹어 버렸어요
2. 1) 죽어 버렸어요   2) 지워 버렸어요
   3) 닫아 버렸어요   4) 풀어 버렸어요
   5) 가 버렸어요   6) 걸려 버렸어요

[듣기·말하기 2]
1. 1) ②   2) ③   3) ④
2. 1) 일주일   2) 웹사이트
   3) 식당   4) 인터뷰하러
   5) 구독
3. 1) 예 추워 죽겠어요
   2) 예 시험 때문에 바빠 죽겠어요

[읽기·쓰기 2]
1. 1) ②   2) ①   3) ②
2. 1) 예 한국어를 공부한 지 3년 됐어요
   2) 예 이 동네에서 산 지 1년 밖에 안 됐어요

18과 의사 선생님이 쉬라고 하셨어.

[문법 1]
1. 1) 꽃이나 귀걸이

2) 음악을 듣거나 친구를 만나요
3) 유튜브를 보거나 교과서를 복습해요
2. 1) 예 캠핑하러 가거나 집에서 쉬어
   2) 예 차가운 물을 마시거나 밖에 나가
   3) 예 시내나 친구 집에서 만나

[문법 2]
1. 1) ①   2) ②
2. 1) 세워 드릴까요, 세워 주세요
   2) 도와 드릴까요, 보여 드릴까요, 보여 주세요

[문법 3]
1. 1) ①   2) ③   3) ②
   4) ②   5) ③

[듣기·말하기 1]
1. 1) ②   2) ④   3) ① T   ② T   ③ F
2. 1) F   2) F   3) T   4) T

[읽기·쓰기 1]
1. 1) ③   2) ①   3) ④
2. 1) 예 제가 만들어 드릴게요
   2) 예 제가 가르쳐 드릴게요

[문법 4]
1. 1) 아프다고   2) 죽는다고
   3) 베를린이라고

[문법 5]
1. 1) 먹으라고   2) 밥 먹자고
   3) 춥냐고   4) 사 달라고
2. 1) 예 지각하지 말라고 하셨어요
   2) 예 이를 닦으라고 하셨어요
   3) 예 아침을 꼭 먹으라고 하셨어요

[문법 6]
1. 1) ①   2) ②   3) ③
2. 1) 입을 걸 그랬어요   2) 잘 걸 그랬어요
   3) 할 걸 그랬어요   4) 신을 걸 그랬어요
   5) 먹을 걸 그랬어요

[듣기·말하기 2]

1. 1) ①   2) ① F   ② F   ③ T
   3) 음료수, 샴푸
2. 1) ①   2) 불편하냐/아프냐, 아프고

[읽기·쓰기 2]
1. 1) ④   2) ③   3) ②
2. 두 번, 먹으라, 먹지 말라

19과 이사하느라고 바빴어요.

[문법 1]
1. 1) 책을 읽느라고 잠을 못 잤어요
   2) 컴퓨터를 사느라고 용돈을 다 써 버렸어요
   3) 요즘 유학 준비를 하느라고 정신이 없어요
2. 1) 예 요즘 숙제하느라고
   2) 예 친구하고 영화 보느라고
   3) 예 프로젝트 준비하느라고

[문법 2]
1. 1) 쓰던   2) 다니던
   3) 살던   4) 먹던
   5) 일하던
2. 1) 아프던   2) 맑던
   3) 싱겁던   4) 쉽던
   5) 크던

[문법 3]
1. 1) 가는 길이에요   2) 갔다 오는 길이에요
2. 1) 오는 길에   2) 가는 길에

[듣기·말하기 1]
1. 1) ①   2) ③
2. 1) T   2) F   3) T   4) F

[읽기·쓰기 1]
1. 1) ④   2) ②   3) ②
2. 1) 흐리던 날씨가 화창해졌어요
   2) 일하던 사람이 그만뒀어요

[문법 4]
1. 1) 바쁘대요   2) 늦을 거래요

3) 가재요   4) 먹지 말래요
2. 1) 예 맛도 있고 값도 싸대요
   2) 예 마리아 친구래요

[문법 5]
1. 1) 받게 되었어요   2) 알게 되었어요
   3) 일하게 되었어요   4) 먹게 되었어요
2. 1) 예 한국을 좋아하게 되었어요
   2) 예 만나게 되었어요
   3) 예 도착하게 될 거예요
   4) 예 먹게 돼요

[문법 6]
1. 1) 누구인지   2) 만드는지
   3) 했는지   4) 걸리는지
2. 1) 예 언제인지 알아요
   2) 예 어디가 아픈지 알아요
   3) 예 좋은지 알아요
   4) 예 갈지/가야할지 모르겠어요

[듣기·말하기 2]
1. 1) F   2) T   3) F   4) F
2. 1) ④   2) ②   3) ③

[읽기·쓰기 2]
1. 1) ④   2) ③   3) ②   4) ①
2. 1) 예 내일부터 아르바이트를 하게 되었어요
   2) 예 이번 겨울 방학에 미국으로 여행 가게 되었어요

20과 한국에 간다면서?

[문법 1]
1. 1) 전화했다면서   2) 사귄다면서
   3) 취소됐다면서

[문법 2]
1. 1) 갔었어요   2) 피웠었어요
   3) 많았었어요   4) 일어났었어요
2. 1) 예 탔었는데   2) 예 무서웠었는데
   3) 예 쳤었는데   4) 예 불렀었는데

[문법 3]
1. 1) 재미있더라고요   2) 자고 있더라고요
   3) 맛있더라고요

[듣기·말하기 1]
1. 1) ②   2) ④   3) ②

[읽기·쓰기 1]
1. 1) ①   2) ㉠ nonstop flight ㉡ stopover
   3) ③

[문법 4]
1. 1) 전공하다가   2) 테니스를 치다가
   3) 미국 드라마를 보다가
2. 1) 예 목이 말라서 일어났어요
   2) 예 화장실에 갔어요   3) 예 전화를 받았어요
   4) 예 페이스북을 했어요

[문법 5]
1. 1) 나가자마자   2) 졸업하자마자
   3) 사자마자
2. 1) 예 비디오 게임을 해요   2) 예 학교에 가요
   3) 예 커피를 마셔요   4) 예 친구를 만나요

[문법 6]
1. 1) 기쁘겠어요   2) 어려웠나 봐요
   3) 배가 부른가 봐요   4) 늦겠어요
   5) 바쁜가 봐요   6) 좋아하나 봐요

[듣기·말하기 2]
1. 1) T   2) F   3) T   4) F
2. 1) ④   2) ③
3. 1) 예 술을 많이 마셨나 봐요
   2) 예 남자 친구하고 헤어졌나 봐요
   3) 예 머리가 좋은가 봐요
   4) 예 어제 밤에 비디오 게임을 했나 봐요

[읽기·쓰기 2]
1. 1) ③   2) ④   3) ①

21과 한국 드라마를 좋아하는 줄 몰랐어.

[문법 1]
1. 1) 재미있는 모양이에요
   2) 듣는/듣고 있는 모양이에요
   3) 한/안 잔 모양이에요
   4) 추운 모양이에요

[문법 2]
1. 1) 오는 줄 몰랐어요
   2) 사는/사시는 줄 몰랐어요
   3) 만날 줄 몰랐어요

[문법 3]
1. 1) 먹었는데도   2) 봤는데도
   3) 잤는데도/쉬었는데도
2. 1) 예 여행을 자주 못 가요
   2) 예 살이 안 쪄요
   3) 예 시험을 잘 못 봐요
   4) 예 이해가 잘 안 돼요

[듣기·말하기 1]
1. 1) ①   2) ①   3) ① T ② F ③ T
2. 1) T   2) F   3) T

[읽기·쓰기 1]
1. 1) ③   2) ①   3) ④

[문법 4]
1. 1) ①   2) ②   3) ③
2. 1) 예 올 텐데
   2) 예 피곤할
   3) 예 추울 텐데
   4) 예 바쁠 텐데
   5) 예 매울 텐데

[문법 5]
1. 1) 보여요   2) 바뀌었어요
   3) 안겨서   4) 막혀서
   5) 들려서   6) 잠겨서

[문법 6]
1. 1) 이구나/이군요
   2) 바쁘군요/바쁘겠군요
   3) 먹었구나/먹었군/먹는구나
2. 1) 많으시군요   2) 덥군요

   3) 봤군요

[듣기·말하기 2]
1. 1) ① T ② T ③ F ④ F
   2) ①   3) 바쁠텐데
2. 예 상자가 무거울 텐데 들어 드릴까요?
   예 학교까지 멀 텐데 데려다줄까?
   예 목이 마를 텐데 물 좀 마셔.
   예 길이 막힐 텐데 지하철을 타는 게 어때?

[읽기·쓰기 2]
1. 1) ③   2) ③   3) ①

22과 머리를 자연스럽게 해 주세요.

[문법 1]
1. 1) 예 복잡하지요   2) 예 실수를 하지요
   3) 예 지겹지요
1. 1) 모르지   2) 힘들지
   3) 차례지

[문법 2]
1. 1) 싱겁게 하세요   2) 안 들어오게 하세요
   3) 깨끗하게 하세요 4) 따뜻하게 하세요
1. 1) 못 입게 했어요   2) 사 오게 하셨어요
   3) 이야기하게 하셨어요

[문법 3]
1. 1) 녹여요   2) 끓여요
   3) 웃겨요   4) 얼려요
   5) 깨워요
2. 1) 예 아기 옷을 입혔다
   2) 예 아기 신발을 신겼다
   3) 예 아기를 울렸다
   4) 예 아기에게 우유를 먹였다
   5) 예 아기를 재웠다

[듣기·말하기 1]
1. 1) 미용실   2) ① T ② F ③ T ④ F
2. 1) ④   2) 깨워서, 입힌

[읽기·쓰기 1]
1. 1) ②   2) ③   3) ①   4) ④

[문법 4]
1. 1) ①   2) ②   3) ②
2. 1) 예 죽을 뻔했어요   2) 예 놓칠 뻔했어요
   3) 예 날 뻔했어요   4) 예 늦을 뻔했어요
   5) 예 못 살 뻔했어요

[문법 5]
1. 1) 막힐지도   2) 올지도
   3) 할지도/했을지도   4) 들을지도
   5) 추울지도   6) 갈지도
2. 1) 예 고플지도   2) 예 가짜일지도
   3) 예 어려울지도   4) 예 작아졌을지도
   5) 예 사람일지도/사람이었을지도
   6) 예 채식주의자일지도

[문법 6]
1. 1) 도착하는 대로   2) 들은 대로
   3) 말하는 대로   4) 끝나는 대로
2. 1) 예상대로   2) 마음대로
   3) 순서대로   4) 계획대로

[듣기·말하기 2]
1. 1) ① T ② F ③ F ④ T ⑤ F
   2) ①   3) 입은 대로

[읽기·쓰기 2]
1. 1) ④   2) ②   3) ③   4) ③
2. 예 어머니 생일을 깜빡하고 잊어버릴 뻔했다.
   예 처음 운전을 시작했을 때 차 사고를 낼 뻔했다.

23과 무슨 선물을 줘야 할지 모르겠어요.

[문법 1]
1. 1) 예 자야지요   2) 예 끊어야지요
   3) 예 공부해야지요
2. 1) 예 예약하셔야지요   2) 예 먹어야지요
   3) 예 운전해야지요

[문법 2]
1. 1) 뭘/뭐를/무엇을 먹어야 할지 모르겠어요
   2) 어디로 가야 할지 모르겠어요
   3) 무슨 음식을 준비해야 할지 모르겠어요
2. 1) 예 어디로 가야 할지 모르겠어요
   2) 예 뭘 주문해야 할지 모르겠어요
   3) 예 언제 전화해야 할지 모르겠어요

[문법 3]
1. 1) 예 오는 바람에
   2) 예 넘어지는 바람에
   3) 예 늦게 일어나는 바람에
2. 1) 예 콘서트가 취소되는 바람에
   2) 예 중요한 일이 생기는 바람에
   3) 예 깜빡 잊어버리는 바람에
   4) 예 여권을 잃어버리는 바람에

[듣기·말하기 1]
1. 1) ④   2) ③
2. 1) ①   2) ③
3. 예 다음 학기에 무슨 과목을 들어야 할지 모르겠어요.

[읽기·쓰기 1]
1. 1) ④   2) ②   3) ③

[문법 4]
1. 1) 유통기한이 지난 우유를 마셨다가 배탈이 났어요
   2) 주말에 시내에 나갔다가 차가 막혀서 혼났어요
   3) 극장에 영화를 보러 갔다가 표가 다 팔려서 돌아 왔어요
2. 1) 예 비가 와서 집에 돌아 왔어요
   2) 예 세일하는 김치를 샀어요
   3) 예 급한 일이 생겨서 취소했어요
   4) 예 더워서 혼났어요
   5) 예 마음에 안 들어서 반품했어요

[문법 5]
1. 1) 예 라면이 맛있는 척합니다
   2) 예 감기에 걸린 척합니다
   3) 예 안 힘든 척합니다
   4) 예 영화가 재미있는 척합니다
   5) 예 안 아픈 척합니다

2. 1) 예 도서관에서 하기도 하고 집에서 하기도 해요
   2) 예 버스를 타기도 하고 전철을 타기도 해요

[문법 6]
1. 1) 예 테니스를 치기도 해요
   2) 예 밥하고 국을 먹기도 해요
2. 1) 예 집에서 공부하기도 하고 도서관에서 공부하기도 해요
   2) 예 보통 지하철을 타는데 날씨가 좋을 때는 걸어서 가기도 해요

[듣기·말하기 2]
1. 1) ④   2) ①   3) 휴지
2. 1) ①   2) 연애결혼, 중매결혼

[읽기·쓰기 2]
1. 1) ②   2) ③   3) ④   4) ④

24과 공부는 하면 할수록 어려운 것 같아요.

[문법 1]
1. 1) 더운 데다가   2) 귀여운 데다가
   3) 가르치는/가르치시는 데다가
   4) 적은 데다가
2. 1) 예 늦게 일어난 데다가   2) 예 헤어진 데다가
   3) 예 비싼 데다가   4) 예 깨끗한 데다가

[문법 2]
1. 1) 예 타기 위해서   2) 예 고치기 위해서
   3) 예 건강해지기 위해서
   4) 예 대학에 가기/장학금을 받기 위해서
2. 1) 예 여행을 가기 위해서
   2) 예 친구들에게 선물하기 위해서
   3) 예 지각하지 않기 위해서
   4) 예 이야기하기 위해서

[문법 3]
1. 1) 많으면 많을수록   2) 크면 클수록
   3) 알면 알수록   4) 가까우면 가까울수록
2. 1) 예 빠르면 빠를수록   2) 예 가면 갈수록
   3) 예 읽으면 읽을수록

   4) 예 생각하면 생각할수록

[듣기·말하기 1]
1. 1) ④   2) ④   3) ③, ④
2. 1) F   2) T   3) F   4) F
   5) F

[읽기·쓰기 1]
1. 1) ③   2) ④   3) ③

[문법 4]
1. 1) 깰까 봐   2) 나빠질까 봐
   3) 추울까 봐   4) 없을까 봐
   5) 지각할까 봐
2. 1) 예 속상하실까   2) 예 실수할까 봐
   3) 예 놓칠까 봐   4) 예 졸릴까 봐

[문법 5]
1. 1) 피어 있다   2) 걸려 있다
   3) 살아 있다   4) 앉아 있다
2. 1) 예 누워 있어요   2) 예 닫혀 있었어요

[문법 6]
1. 1) 살다가 보면   2) 최선을 다하다가 보면
   3) 긴장하다가 보면   4) 이야기하다가 보면
   5) 먹다가 보면
2. 1) 예 따라가다가 보면   2) 예 신다가 보면
   3) 예 듣다가 보면   4) 예 연습하다가 보면

[듣기·말하기 2]
1. 1) ①   2) ③   3) ④

[읽기·쓰기 2]
1. 1) ③   2) ③
2. 예 학생이 의자에 앉아 있어요.
   예 선생님이 서 있어요/계세요.
   예 책이 책상에 놓여 있어요.
   예 창문이 열려 있어요.
   예 불이 켜져 있어요.

Listening Script

17과 아르바이트한 지 일주일 됐어요.

[대화 1]

모하메드: 안녕하세요? 아르바이트생 구하는 광고 보고 왔습니다.
사 장 님: 아, 그래요? 이력서 가지고 왔나요?
모하메드: 네, 여기 있습니다.
사 장 님: 예전에 아르바이트 한 적이 좀 있네요.
모하메드: 네. 식당에서 서빙도 하고 마트에서도 일해 봤습니다.
사 장 님: 편의점에서 일해 본 적 없나요?
모하메드: 이번이 처음입니다. 그래도 잘할 자신 있습니다.
사 장 님: 그런데 학교 다니면서 일하면 바쁘지 않을까요?
모하메드: 낮에는 바쁘지만 밤에는 시간이 됩니다.
사 장 님: 마침 밤에 일할 사람을 찾고 있는데 잘됐네요. 밤에는 덜 바쁘기는 한데 좀 힘들 수도 있어요.
모하메드: 힘들어도 괜찮습니다. 아직 젊어서 얼마든지 할 수 있습니다.
사 장 님: 아무리 젊어도 무리하면 안 돼요. 그럼 다음 주 월요일부터 나오세요.
모하메드: 네, 고맙습니다. 다음 주에 뵙겠습니다.

[듣기·말하기 1]

1. 남자: 여보세요.
   여자: 여보세요, 아직 아르바이트생 구하시나요?
   남자: 네, 아직 구하고 있어요.
   여자: 제가 지원하고 싶은데 몇 가지 물어봐도 돼요?
   남자: 네, 물어보세요.
   여자: 혹시 수요일, 금요일, 토요일만 일해도 되나요?
   남자: 네, 괜찮아요. 우리 커피숍은 오전 10시부터 밤 10시까지 해요.
   여자: 그럼, 시급은 어떻게 되나요?
   남자: 한 시간에 16불이에요.
   여자: 네, 알겠습니다. 인터뷰하려면 어떻게 해야 해요?
   남자: 이력서 가지고 내일 오전 10시까지 커피숍으로 오세요.

2. 남자: 이번 주말에 약속 있니?
   여자: 주말에 아르바이트가 있어.
   남자: 아르바이트해? 무슨 일을 하는데?
   여자: 주말마다 집 근처 편의점에서 일을 하고 있어.
   남자: 학교에서 장학금을 받는데 돈을 더 벌어야 되니?
   여자: 응, 받기는 받는데 등록금이 비싸서 일을 좀 더 해야 돼. 너도 알바하니?
   남자: 나는 월요일하고 수요일 오전에 도서관에서 일해. 별로 힘들지는 않아.
   여자: 편의점 일이 힘들어서 나도 다음 학기부터는 학교에서 일할까 해.

[읽기·쓰기 1]

2. 제 이름은 저스틴입니다. 한국어를 전공하는 대학생입니다. 저는 옷가게에서 1년 동안 아르바이트 했습니다. 식당에서 서빙도 했습니다. 저는 꼬꼬치킨에서 배달 아르바이트를 하고 싶습니다. 오토바이를 운전할 수 있습니다. 학생이라서 좀 바쁘기는 한데, 매일 오후 7시 이후에는 일할 수 있습니다.

[대화 2]

모하메드: 무슨 고민 있어?
비 비 안: 월세를 내야 되는데 돈을 다 써 버렸어.
모하메드: 저런, 큰일 났네.
비 비 안: 아르바이트 자리 알아보고 있는데 어디 좋은 데 없을까?
모하메드: 학교 근처 커피숍은 어때?
비 비 안: 거기서 알바생 구해?
모하메드: 응, 그런 거 같아.
비 비 안: 그래? 그럼 한번 지원해 봐야겠다. 너는 아르바이트 하니?

모하메드: 나는 편의점에서 일한 지 일주일 됐어.
비비안: 편의점 일은 좀 힘들지 않아? 시급도 적고.
모하메드: 응, 밤에 일하니까 요즘 힘들어 죽겠어. 근데 낮에는 수업이 많아서 시간이 없거든.
비비안: 그렇구나. 나중에 아르바이트 구하면 한턱 낼게.
모하메드: 잘됐으면 좋겠다.

[듣기·말하기 2]
1. 수잔나: 다니엘, 숙제 냈어?
   다니엘: 아니, 이번 주에 계속 아르바이트가 있어서 숙제할 시간이 없었어.
   수잔나: 그래도 빨리 해서 내 버려.
   다니엘: 배달 아르바이트가 힘들어 죽겠어. 이번 주에는 하루에 여덟 시간이나 일했거든.
   수잔나: 너무 힘들었겠다. 그런데 아무리 힘들어도 숙제는 해야 하잖아.
   다니엘: 그래, 얼른 해서 내야겠다.

2. 안녕하세요, 여러분. 비비TV 비비안이에요. 오늘은 알바 얘기 좀 할까 해요. 제가요, 알바비 받은 지 일주일밖에 안 됐는데 돈을 다 써 버렸어요. 그래서 요즘 돈이 없어 죽겠어요. 다시 아르바이트를 해야 할 것 같아요. 오늘은 아르바이트 광고 사이트에 들어가서 알바 자리를 찾아봤어요. 마침 집 근처 한국 식당에서 알바생을 구하고 있어서 그 식당에 전화해 봤어요. 내일 인터뷰하러 가기로 했어요. 내일 인터뷰를 잘해서 꼭 아르바이트 자리를 구하고 싶어요. 응원해 주세요. 저를 응원하고 싶으시면 '구독'과 '좋아요'를 눌러 주세요.

[읽기·쓰기 2]
1. 서울식당 사장님께, 안녕하세요? 저는 이민호입니다. 캐나다에서 지낸 지 5년 정도 됐습니다. 지금은 대학에서 요리를 전공하고 있습니다. 서울식당에서 주방 아르바이트를 하고 싶어서 연락을 드립니다. 저는 작년에 1년 동안 중국 식당에서 아르바이트를 한 경험이 있습니다. 한국 사람이라서 한국 음식에 대해서도 잘 알고 한국 요리도 좀 하는 편입니다. 저는 열심히 일할 자신이 있습니다. 이력서를 같이 보냅니다. 그럼 답장 기다리겠습니다. 이민호 올림

18과 의사 선생님이 쉬라고 하셨어.

[대화 1]
의사: 어디가 아파서 오셨어요?
민호: 목이 좀 부은 것 같아요. 두통도 좀 있어요.
의사: 기침을 하거나 콧물이 나지 않으세요?
민호: 콧물은 안 나는데 기침은 해요.
의사: 언제부터 그러셨어요?
민호: 일주일 정도 됐어요.
의사: 체온 좀 재 볼게요. 열도 좀 있으시네요. 요즘 유행하는 감기인 것 같습니다.
민호: 그럼 어떻게 해야 하나요?
의사: 약 처방해 드릴게요. 하루에 세 번 식사 후에 드세요.
민호: 약을 얼마 동안 먹어야 되나요?
의사: 일단 3일 동안 드셔 보세요. 따뜻한 물 많이 드시고 푹 쉬면 나을 거예요. 그리고 당분간 차가운 음식이나 술은 드시지 마세요.
민호: 네, 알겠습니다.

[듣기·말하기 1]
1. 여자: 모하메드, 이번 프로젝트 뭐 할 거야?
   남자: 짧은 영화를 찍거나 브이로그를 만들려고 해. 너는?
   여자: 나는 이번에 뮤직비디오를 만들려고 해.
   남자: 뮤직비디오?
   여자: 응. 노래도 정했어.
   남자: 나도 뮤직비디오 만들고 싶었는데 아는 노래가 별로 없어서 영화를 만들기로 했어.
   여자: 어떤 영화 만들려고?
   남자: 코미디나 액션영화 할까 하는데 아직 정하지 않았어.
   여자: 그럼 영화 찍지 말고 나랑 뮤직비디오 만들래?
   남자: 제니퍼, 그런데 나 춤을 잘 못 춰.
   여자: 춤은 내가 출게. 너는 비디오만 찍으면 돼.
   남자: 그래. 좋아.

2. 혹시 혼자 노래를 부르고 싶거나 시간이 없지만 노래방에 가고 싶을 때 있으세요? 그럼 동전 노래방을 추천해 드립니다. 동전 노래방은 500원을 넣고 노래를 부르는 곳입니다. 500원을 넣으면

노래를 두세 곡 정도 할 수 있습니다. 그리고 한 사람이 들어갈 수 있는 작은 방이 많습니다. 그런데 많은 사람들과 같이 가고 싶을 때는 동전 노래방에 가지 말고 큰 노래방에 가세요. 동전 노래방은 너무 작아서 아무리 많이 들어가도 세 명 정도밖에 못 들어갑니다. 그렇지만 노래를 두 곡 정도 부르거나 혼자 노래를 부르기는 좋습니다.

[읽기·쓰기 1]

1. 저는 어릴 때 몸이 약했습니다. 조금만 밖에 있어도 재채기를 하고 금방 열이 났습니다. 그래서 약도 많이 먹고 주사도 자주 맞았습니다. 어느 날 의사 선생님께서 저한테 말했습니다. "지호야, 주사 맞는 게 싫지? 그럼 너무 집에만 있지 말고 운동을 해 보는 게 어때? 수영이나 축구를 해 보면 좋을 것 같아." 그런데 수영장은 집에서 가까웠지만 축구장은 멀었습니다. 엄마가 말했습니다. "축구하지 말고 수영을 배워 보자." 그래서 저는 집 근처 수영장에 다니기 시작했습니다. 수영을 시작하고 나서 많이 건강해졌습니다. 지금도 저한테 운동을 추천해 주신 의사 선생님이 늘 고맙습니다.

[대화 2]

민 호: 여보세요.
제니퍼: 민호야, 잘 있었어? 너 요즘 왜 학교에 안 나왔어?
민 호: 몸이 안 좋아서 며칠 동안 학교에 못 갔어.
제니퍼: 어떡해? 병원에는 가 봤어?
민 호: 응, 의사 선생님이 감기니까 약 먹고 푹 쉬라고 하셨어.
제니퍼: 어머, 이번 감기 독하다고 들었는데 괜찮아?
민 호: 응, 약 먹고 나서 많이 좋아졌어. 빨리 병원에 가 볼 걸 그랬어.
제니퍼: 다행이다. 너 요즘 많이 바쁜 것 같아서 일부러 연락도 안 했는데. 더 일찍 전화해 볼걸.
민 호: 괜찮아. 너도 요즘 바쁘잖아.
제니퍼: 빨리 나으면 좋겠다. 필요한 거 있으면 언제든지 말해.
민 호: 그래, 그럴게. 전화해 줘서 고마워.
제니퍼: 아니야, 몸조리 잘해. 또 연락할게.
민 호: 그래, 고마워.

[듣기·말하기 2]

1. 남자: 수진 씨, 우리 회사 근처에 있는 큰 마트 알죠?
   여자: 네, 거기 얼마 전에 새로 생겼잖아요.
   남자: 네, 맞아요. 거기서 이번 주 토요일 낮에 두 시간 동안 세일한다고 들었어요.
   여자: 토요일 낮에요?
   남자: 네. 깜짝 세일이라고 하네요.
   여자: 몇 시에 하는데요?
   남자: 오후 1시부터 3시까지 한다고 해요.
   여자: 아, 그럼 저도 갈 수 있겠네요. 지훈 씨는 뭐 사실 거예요?
   남자: 저는 음료수나 과일을 사려고요. 수진 씨는요?
   여자: 저는 샴푸 세일하면 하나 사야겠어요.
   남자: 그럼 우리 만나서 같이 갈까요?
   여자: 네, 좋아요. 토요일에 봐요.

2. 남자: 어디가 불편하세요?
   여자: 배도 아프고 소화가 잘 안 되는 것 같아요.
   남자: 언제부터 아팠어요?
   여자: 어젯밤부터요.
   남자: 어제 저녁에 뭐 드셨어요?
   여자: 뷔페에 가서 여러 가지 음식을 많이 먹었어요.
   남자: 아무리 맛있어도 과식은 몸에 안 좋아요.
   여자: 조금만 먹을 걸 그랬어요.
   남자: 약 처방해 드릴게요. 다음부터는 너무 많이 드시지 마세요.
   여자: 네, 알겠습니다.

[읽기·쓰기 2]

1. 우리 언니는 피부가 좀 약합니다. 그래서 가게에서 파는 화장품을 쓰면 얼굴이 가렵다고 했습니다. 그래서 저는 유튜브를 보고 직접 화장품을 만들어 봤습니다. 올리브유로 만들었는데 만드는 방법도 생각보다 어렵지 않았습니다. 제가 만든 화장품을 써 본 언니는 피부가 좋아졌다고 기뻐했습니다. 가게에서 파는 화장품처럼 가렵지 않다고 했습니다. 그 후로 저한테 계속 화장품을 만들어 달라고 합니다. 언니가 좋다고 하니까 저도 뿌듯합니다.

19과 이사하느라고 바빴어요.

[대화 1]
다니엘: 제니퍼, 오래간만이다. 어떻게 지냈어?
제니퍼: 잘 지냈어요, 선배. 요새 이사하느라고 좀 바빴어요.
다니엘: 그래? 지난번에 살던 집도 괜찮았잖아.
제니퍼: 집은 밝고 조용했는데 교통이 좀 불편했어요. 학교에서 가까운 데서 살고 싶어서 이사했어요.
다니엘: 아, 그래? 지금 이사한 집은 마음에 들어?
제니퍼: 네, 깨끗하고 학교에 걸어 다닐 수 있어서 좋아요. 길 건너에 편의점하고 식당도 있고요.
다니엘: 다행이네. 이삿짐은 다 정리했어?
제니퍼: 네, 정리는 거의 다 끝났어요. 옷장만 하나 사면 돼요.
다니엘: 이사하느라고 고생했겠다.
제니퍼: 집이 학교에서 가까우니까 한번 놀러 오세요.
다니엘: 그래, 학교에 가는 길에 한 번 들를게. 다음에 보자.

[듣기·말하기 1]
1. 여자: 오랜만이네. 그동안 잘 지냈어?
   남자: 응, 그런데 지난주에 이사를 해서 이삿짐을 정리하느라고 정신이 없었어. 너는 잘 지냈어?
   여자: 응, 나는 방학 내내 영화관에서 아르바이트를 하느라고 너무 바빴어.
   남자: 전에 하던 커피숍 아르바이트는 그만뒀어?
   여자: 응, 여름 학기 수업 때문에 그만뒀어.

2. 엄마: 민수야, 어디 가니?
   민수: 잠깐 친구 만나러 나가려고요.
   엄마: 그럼 나가는 길에 쓰레기 좀 버려 줄래?
   민수: 네, 알았어요.
   엄마: 그리고 집에 오는 길에 마트에 들러서 두부하고 콩나물 좀 사 올래? 된장찌개 좀 끓이려고.
   민수: 네, 그럴게요.

[읽기·쓰기 1]
1. 제니퍼는 요새 방을 구하느라고 바쁩니다. 제니퍼가 지금 사는 집은 환하고 좋지만 학교까지 멉니다. 그래서 지하철을 타고 다닙니다. 제니퍼는 학교에 매일 가야 하기 때문에 걸어서 갈 수 있는 곳에 살고 싶어 합니다. 제니퍼는 새로 지은 집이 아니어도 괜찮지만 햇빛이 잘 드는 집을 찾으려고 합니다. 집 근처나 학교 가는 길에 은행하고 약국하고 마트가 있으면 좋겠습니다. 그런데 제니퍼는 학생이라서 돈이 별로 없습니다. 월세는 1000불이 넘으면 안 됩니다. 제니퍼는 좋은 집을 구하려고 웹사이트에서 살 집을 보고 있습니다.

[대화 2]
다니엘: 제니퍼가 이사를 했대.
비비안: 어머, 그래요? 방학 때 이사할 거라고 했는데.
다니엘: 원래는 방학 때 하려고 했는데 갑자기 이사를 하게 됐대.
비비안: 아, 그렇군요. 집이 어디래요?
다니엘: 학교 근처래. 안 그래도 제니퍼가 다음 주 토요일에 집들이 한대. 같이 가자.
비비안: 네, 제니퍼 얼굴 본 지도 오래됐는데 잘됐네요.
다니엘: 근데 집들이 선물로 뭐가 좋을지 모르겠네.
비비안: 제가 듣기로는 한국 사람들은 보통 휴지를 사 간대요.
다니엘: 그래? 왜 휴지를 가지고 가?
비비안: 휴지가 풀리는 것처럼 일이 잘 풀리라는 뜻이래요.
다니엘: 신기하네. 그럼 우리도 휴지 가지고 가야겠다.
비비안: 그래요, 토요일 아침에 만나서 같이 가요.

[듣기·말하기 2]
1. 남자: 미영 씨, 요즘 집을 구한다고 들었어요. 집은 구했어요?
   여자: 아니요, 아직 보고 있어요. 어제도 집을 2개 봤는데 둘 다 마음에 안 들었어요. 한 곳은 주방이 좀 작고 다른 곳은 월세가 너무 비싸요. 괜찮은 집을 찾을 수 있을지 모르겠어요.
   남자: 마음에 드는 집을 구하는 게 쉽지 않지요?
   여자: 네, 좀 더 찾아봐야 할 거 같아요.
   남자: 빨리 마음에 드는 집을 구하면 좋겠네요.

2. 남자: 어떤 집을 찾으세요?
   여자: 가구가 있는 방 하나짜리 아파트요.
   남자: 네, 마침 가구가 포함된 아파트가 하나 있네요. 잠깐만요. 집주인한테 전화해 볼게요.

(잠시 후)

남자: 아, 이 집은 다음 주부터 이사할 수 있고 냉장고, 식탁, 침대, 소파 다 있대요. 햇빛도 잘 든대요. 그리고 집을 보고 싶으면 내일 와서 보래요.

여자: 아, 그래요? 잘됐네요. 그럼 내일 오후에 보러 갈게요.

[읽기·쓰기 2]

1. 나는 학교 근처로 이사 온 지 3주가 되었다. 갑자기 이사를 오게 되었지만 학교에서 가까워서 좋다. 아직까지 가구를 못 구해서 책장이랑 침대를 사려고 한다. 그런데 나는 이 동네에 산 지 얼마 안 돼서 어디에서 가구를 파는지 모른다. 그래서 같은 반 친구 서연이한테 전화를 했다. "서연아, 오늘 가구를 사러 가려고 하는데 어디에서 파는지 모르겠어. 좋은 데 있으면 좀 가르쳐 줘."라고 했다. 서연이는 "글쎄, 나도 직접 가보지는 않았는데 백화점 근처에 가구점이 몇 군데 있대. 거기가 가격도 싸고 디자인도 예쁘대."라고 말했다. 오늘 나는 서연이가 알려준 데에 가 보려고 한다.

20과 한국에 간다면서?

[대화 1]

모하메드: 민호한테서 들었는데 이번 여름에 한국에 간다면서?

비 비 안: 응, 교환 학생으로 한국대학교에 가게 됐어.

모하메드: 나도 작년 여름에 갔었는데 강의도 재미있고 캠퍼스도 예쁘더라고. 비행기표는 샀니?

비 비 안: 아직 알아보고 있는데 성수기라서 항공권이 꽤 비싸네.

모하메드: 인터넷에서 보니까 서울여행사에서 할인 항공권을 팔던데.

비 비 안: 아, 그래? 거기 한번 알아봐야겠다. 비자는 어디서 받았니?

모하메드: 영사관에 가면 신청할 수 있어.

비 비 안: 영사관이면 멀지 않네. 내일 학교 가는 길에 신청하면 되겠다.

모하메드: 또 궁금한 게 있으면 언제든지 물어봐.

비 비 안: 응, 고마워.

[듣기·말하기 1]

1. 여자: 이탈리아에 가 본 적이 있어?
   남자: 응, 작년에 갔었는데 경치도 좋고 건물도 다 멋있더라고.
   여자: 아이스크림도 맛있다면서?
   남자: 맞아. 너무 맛있어서 여행하는 동안 매일 먹었었어.
   여자: 나도 이번 여름에 이탈리아에 가려고 하는데 비행기표를 어디서 사는 게 좋을까?
   남자: 나는 여행사에서 패키지로 샀었는데 호텔이랑 항공권이 모두 포함되어서 편리하더라고.
   여자: 아, 그래? 그럼 나도 패키지 여행을 알아봐야겠다. 비자도 받아야 돼?
   남자: 캐나다 사람이면 비자가 없어도 돼.

[대화 2]

비비안: 실례합니다. 말씀 좀 묻겠습니다. 서울백화점이 어디 있어요?

남 자: 아, 서울백화점이요? 저기 은행이 보이지요?

비비안: 저기 사거리에 있는 거요?

남 자: 네, 거기서 오른쪽으로 도세요. 그리고 쭉 가세요. 한 30미터쯤 걷다가 주유소가 나오면 길을 건너세요.

비비안: 주유소에서요?

남 자: 네. 길을 건너자마자 바로 왼쪽에 큰 건물이 보일 거예요. 거기가 서울백화점이에요.

비비안: 감사합니다.

남 자: 이 동네에 처음 오셨나 봐요?

비비안: 네, 한국에 온 지 얼마 안 돼서 길 찾기가 쉽지 않네요.

남 자: 마침 저도 그쪽으로 가는 길인데 제가 같이 가 드릴까요?

비비안: 정말 감사합니다.

[듣기·말하기 2]

1. 남자: 저, 이 근처에 약국이 어디 있나요?
   여자: 약국이요? 저기 주유소가 보이죠?
   남자: 네.
   여자: 거기서 왼쪽으로 돌아서 쭉 가세요. 조금 걸어가면 오른쪽에 약국이 보일 거예요.

남자: 네, 감사합니다.
여자: 그리고 저기 백화점 있지요? 백화점 건너편에도 약국이 하나 있어요.
남자: 정말 감사합니다.

2. 지난 주말에 친구하고 같이 강릉에 갔습니다. 차를 렌트해서 갔는데 운전은 친구가 했습니다. 고속도로를 신나게 달리다가 휴게소에 들러서 맛있는 간식도 사 먹었습니다. 강릉은 넓고 깨끗한 바닷가가 유명합니다. 그래서 강릉에 도착하자마자 바닷가로 갔습니다. 경치도 좋고 바람도 시원했습니다. 바닷가에 예쁜 카페들이 아주 많았습니다. 친구가 강릉은 커피도 유명하다고 했습니다. 친구가 추천하는 카페에 가서 커피와 케이크를 먹었습니다. 시원한 바다를 보면서 커피를 마시니까 스트레스가 풀리는 것 같았습니다.

[읽기·쓰기 2]
1. 저는 비비안입니다. 일주일 전에 서울에 처음 왔습니다. 교환 학생으로 한국대학교에서 한 학기 동안 수업을 들으려고 합니다. 제 전공은 경제학이지만 한국어 수업도 들을 겁니다. 캐나다에서도 한국어를 배웠는데 한국에서 배우면 더 재미있을 것 같습니다. 학교에 도착하자마자 기숙사에 들어갔습니다. 기숙사 방이 깨끗하고 룸메이트도 마음에 들었습니다. 한국 여름 날씨가 생각보다 훨씬 더워서 캐나다에서 가져온 옷들이 좀 불편했습니다. 그래서 얇은 옷을 사러 학교 근처에 있는 백화점에 갔습니다. 그런데 백화점에 찾아가다가 길을 잃어버렸습니다. 지나가는 사람에게 길을 물었는데 친절하게 알려 주었습니다. 제가 한국에 처음 와서 길 찾기가 어렵다고 하니까 그 사람이 직접 백화점에 데려다주었습니다. 한국 사람들은 모두 친절한가 봅니다. 오늘은 그동안 열심히 공부한 한국어를 사용할 수 있어서 좋았습니다.

21과 한국 드라마를 좋아하는 줄 몰랐어.

[대화 1]

마리아: 토니야, 요즘 〈스물 하나〉라는 한국 드라마 보니?
토 니: 아니, 나는 아직 안 봤는데 친구들이 그 드라마 많이 보더라고. 아주 재미있는 모양이야.
마리아: 응, 나도 요즘 그거 보고 있는데 등장인물들이 각각 다 개성이 있고 매력적이야.
토 니: 주인공은 누군데?
마리아: 유명한 배우는 아닌데 연기를 잘해. 스토리도 탄탄해서 인기가 많아.
토 니: 그래? 나도 나중에 한번 봐야겠다. 근데 네가 드라마를 그렇게 좋아하는 줄 몰랐네.
마리아: 나도 이렇게 좋아하게 될 줄 몰랐어. 바쁜데도 한번 시작한 드라마는 끝까지 보게 되더라고.
토 니: 볼 만한 다른 드라마 있으면 추천해 줄래?
마리아: 그래, 한국어 공부에도 도움이 될 만한 드라마로 골라 줄게.

[듣기·말하기 1]
1. 여자: 우와~~~
남자: 무슨 좋은 일 있는 모양이네. 너 엄청 신나 보여.
여자: 오늘 우리 오빠 생일이거든. 그래서 팬클럽에서 지하철역에 광고를 올렸는데 오빠가 그 광고 앞에서 사진을 찍어서 방금 오빠 SNS에 올렸어.
남자: 오빠? 너한테 오빠가 있는 줄 몰랐어. 너희 오빠가 그렇게 유명한 사람이야?
여자: 하하하. 배우 이선우를 오빠라고 한 거야. 내가 요즘 그 배우한테 푹 빠져 있거든.
남자: 그렇구나. 그런데 그 배우 어린 줄 알았는데 너보다 나이가 많아?
여자: 아니, 나보다 나이는 어린데 멋있는 사람은 다 오빠라고 해.
남자: 하하하. 나이가 어린데도 멋있으면 오빠야?
여자: 응, 팬클럽에서는 다 그래. 그런데 그 오빠가 방금 광고 앞에서 사진도 찍고 감사 인사도 올렸어.
남자: 요즘 팬클럽에서는 생일 축하하는 광고도 올리는 줄 몰랐네. 신기하다.
여자: 그런데 너 지금 시간 있니? 그 광고 보러 가고 싶은데 나랑 같이 갈 수 있어?
남자: 그래, 같이 가자. 내가 사진 찍어 줄게.

여자: 정말 고마워!

2. 남자: 너 또 한국 드라마 보니?
   여자: 응, 이 작품은 같은 에피소드를 여러 번 봤는데도 안 지겨워. 다시 보는데도 재미있어.
   남자: 스토리가 탄탄한 모양이네. 작가가 누구야?
   여자: 정은희 작가. 작년에 우리 같이 봤던 드라마 〈우리 아저씨〉 기억 나? 그 작품 쓴 작가야.
   남자: 정말? 나도 그 드라마 엄청 재미있게 봤는데. 벌써 새 작품이 나온 줄 몰랐네.
   여자: 이번 작품도 엄청 재미있어. 같이 볼래?
   남자: 그래, 그러자! 이번 주말에 기숙사에서 같이 볼까?
   여자: 그래, 좋아.

[읽기·쓰기 1]

내 친구 크리스는 영화를 전공한다. 요즘 크리스를 만나면 항상 한국 영화에 대해서 이야기를 한다. 한국 영화에 푹 빠져 있는 모양이다. 영화감독 중에서는 특히 박준호 감독을 제일 좋아한다고 한다. 그래서 박준호 감독 작품은 다 봤다고 한다. 크리스는 한국어를 전혀 몰라서 자막을 보면서 영화를 본다. 한국어를 못하는데도 한국 영화에 나온 새로운 단어를 배울 때마다 나한테 말해 준다. 열심히 노력하는 모습이 멋져 보인다. 한국 사람인 내가 캐나다 친구한테서 한국 영화 얘기를 들을 줄 몰랐다. 한국 영화가 캐나다에서도 인기가 있는 걸 보니까 왠지 뿌듯했다.

[대화 2]

민 호: 이번 주말에 뭐 해?
제니퍼: 이번 주말에 케이팝 콘서트에 가기로 했어.
민 호: 정말? 콘서트 티켓 사기가 하늘의 별 따기였을 텐데 어떻게 구했어?
제니퍼: 온라인 예매 사이트가 열리자마자 샀어.
민 호: 진짜 운이 좋다. 나는 케이팝 콘서트 티켓을 사려고 할 때마다 순식간에 팔려 버려서 못 샀어.
제니퍼: 나도 처음에는 그랬었는데 나중에는 요령이 생기더라.
민 호: 티켓을 사려면 어떻게 해야 되는 거니? 나한테도 비법을 좀 전수해 줘.
제니퍼: 인기 있는 콘서트는 표가 빨리 매진되니까 사이트가 열리기 전에 컴퓨터를 켜 놓고 대기하고 있어야 해.
민 호: 아, 대기를 하고 있어야 되는구나. 얼마나 일찍 들어가 있어야 하는데?
제니퍼: 늦어도 5분 전에는 들어가야 해. 그리고 핸드폰하고 컴퓨터를 동시에 이용하는 게 좋아.
민 호: 나도 다음번에는 그렇게 해 봐야겠다. 고마워.

[듣기·말하기 2]

남자: 제니퍼, 〈그해 겨울〉이라는 드라마 본 적 있어? 난 그거 보느라 어제 한숨도 못 잤어.
여자: 너도 그거 보는구나. 그 드라마 요즘 정말 인기잖아. 나는 그 드라마 팬 픽션도 다 읽었는데.
남자: 팬 픽션? 그게 뭐야?
여자: 아직 모르는구나. 팬 픽션을 줄여서 팬픽이라고 하는데, 드라마나 아이돌 팬들이 쓰는 소설이야.
남자: 그래? 그런 게 있는 줄 몰랐네. 팬픽은 어떻게 구해?
여자: 인터넷에서 다운받을 수 있어. 난 팬픽을 너무 좋아해서 하나 쓰고 있어.
남자: 요즘 바쁠 텐데 그런 것까지 써? 너 진짜 대단하다. 다 쓰면 나한테 제일 먼저 보여 줘.
여자: 응. 알았어.

[읽기·쓰기 2]

3월 3일 일요일 오후 6시 라이브 콘서트 시작! 나는 시작하기 1시간 전부터 내 방에서 기다렸다. 온라인 콘서트는 편하게 집에서 누워서 볼 수 있고, 음식을 먹으면서 볼 수 있다. 남의 눈치 보지 않고 노래를 따라 부를 수도 있다.

이번 콘서트는 2시간 반 동안 열렸다. 멀티뷰로 모든 멤버를 동시에 볼 수 있어서 신기했다. 여러 화면 중 내가 보고 싶은 화면을 고르면 좋아하는 멤버만 더 자세히 볼 수도 있었다. 그룹 멤버들을 직접 보지 못해서 섭섭했지만, 그래도 화면으로 볼 수 있어서 너무 행복했다. 멤버들이 팬들하고 직접 만날 수 없어서 아쉬웠을 텐데 그래도 열심히 노래하는 모습이 참 아름다워 보였다.

콘서트를 보기 전에는 가격이 조금 비싸다고 생각했는데, 콘서트를 보고 나서 생각이 바뀌었다.

'티켓 값이 비싼 게 아니었구나.' 온라인 콘서트인데도 불구하고 이번 콘서트는 전 세계에서 100만 명 시청이라는 세계 신기록을 세웠다고 한다. 정말 대단하다.

22과 머리를 자연스럽게 해 주세요.

[대화 1]
미용사: 어서 오세요. 예약하셨나요?
민 호: 네, 10시에 예약했는데요.
미용사: 이민호 씨 맞죠? 이쪽에 앉으세요. 어떻게 해 드릴까요?
민 호: 제가 머리숱이 적은 편인데 좀 풍성해 보이면 좋겠어요.
미용사: 그럼 파마를 하는 게 어떠세요?
민 호: 제가 염색을 몇 번 해서 머리카락이 조금 상했는데. 파마를 해도 괜찮을까요?
미용사: 염색을 하면 머리가 상하기 쉽지요. 그런데 저희 미용실은 천연 파마약을 쓰기 때문에 걱정하지 않아도 돼요.
민 호: 그런 것도 있어요?
미용사: 네, 이번에 한번 써 보세요.
민 호: 그럼 굵은 웨이브로 자연스럽게 해 주세요.
미용사: 네. 이쪽으로 오시겠어요? 머리부터 감겨 드릴게요.

[듣기·말하기 1]
1. 남자: 어서 오세요. 오랜만에 오셨네요. 오늘은 어떻게 해 드릴까요?
   여자: 이번에는 커트를 좀 해 볼까 해요.
   남자: 얼마나 짧게 잘라 드릴까요?
   여자: 어깨보다 조금 위로 오게 해 주세요.
   남자: 많이 자르시네요.
   여자: 네, 날씨가 더워서 긴 머리가 좀 답답했거든요.
   남자: 가끔 다른 스타일 해 보는 것도 괜찮지요. 짧은 머리도 어울리실 거예요.
   여자: 그러면 좋겠네요. 예쁘게 잘라 주세요.

2. 저는 김진우입니다. 저한테는 어린 동생이 있어요. 부모님이 바쁘실 때 저는 가끔 동생을 돌봐 줘요. 오늘도 제가 동생을 아침에 깨웠어요. 동생하고 같이 아침을 먹은 다음에 옷을 입혔어요. 새로 산 운동화를 신겨서 유치원에 데려다줬어요. 수업이 끝난 후에 가까운 공원에 가서 놀아 줬어요. 집에 와서 손을 씻긴 다음에 저녁을 먹였어요. 침대에 눕히자마자 동생은 금방 잠이 들었어요. 힘든 하루였어요.

[읽기·쓰기 1]
  어제 한국에 유학을 온 지 2년 만에 처음으로 미용실에 가게 되었다. 인터넷 후기가 좋은 미용실을 찾아갔는데 인테리어가 고급스럽고 깔끔했다. 미용실에 갈 때까지도 머리를 어떻게 할지 고민했는데 헤어 디자이너가 다양한 머리 스타일의 사진을 보여 주었다. 친절한 설명 덕분에 나한테 어울리는 스타일을 쉽게 정할 수 있었다. 나는 앞머리를 자르고 염색을 하기로 했다.
  머리를 자르기 전에 머리를 감겨 줬다. 그리고 우리나라에서는 수건 한 장만 주는데 여기서는 가운을 입혀 주고 편한 의자에 앉게 했다. 머리를 감는 동안 얼굴에 마스크 팩도 올려 주었다. 염색을 하는 동안에는 커피와 간식도 갖다주었다. 머리를 하는 동안 손님이 피곤하지 않게 해 주는 한국의 미용실 서비스가 놀라웠다.

[대화 2]
저스틴: 제니퍼, 오늘 뭔가 달라 보이네. 하마터면 못 알아볼 뻔했어.
제니퍼: 응, 지난 주말에 파마했거든. 어때?
저스틴: 잘 어울려. 그런데 머리 말고도 분위기가 좀 바뀐 것 같은데?
제니퍼: 오늘은 화장을 좀 다르게 해서 그럴지도 몰라. 요즘 뷰티 관련 동영상을 많이 보는데 거기서 소개하는 대로 한번 따라 해 봤어.
저스틴: 그렇게 화장하니까 더 어려 보인다.
제니퍼: 혹시 케이-뷰티라고 들어 봤어? 한 듯 안 한 듯 자연스럽게 하는 게 비결이야.
저스틴: 나는 화장에 관심이 없어서 그런 게 있는지도 몰랐어.
제니퍼: 요즘은 남자들도 외모에 관심이 많아. 남성용 화장품도 많고, 피부에 신경 쓰는 남자들이 많이 늘었대.

저스틴: 그래? 그럼 나도 피부에 신경을 좀 써야겠구나.

[듣기·말하기 2]

남자: 오늘 무슨 일 있어? 너무 근사해서 하마터면 못 알아볼 뻔했네!
여자: 특별한 일이 있는 건 아니고, 이따가 한국어 시간에 발표가 있어서 신경 좀 썼지.
남자: 그렇구나. 재킷이 너한테 너무 잘 어울린다.
여자: 그래? 이번에 새로 산 건데.
남자: 그런 멋있는 재킷은 어디서 살 수 있어?
여자: 인터넷 쇼핑몰에서 샀어. 모델이 입은 대로 따라 입어 봤어.
남자: 잘 어울린다. 거기 남자 옷도 파니?
여자: 응. 괜찮은 남자 옷도 많더라고. 문자로 사이트 주소 알려 줄게.

[읽기·쓰기 2]

한국 드라마와 케이팝의 인기 때문에 한국식 화장법도 큰 인기를 끌고 있다. 인터넷에서 케이뷰티를 검색하면 한국식 화장법이나 한국 화장품에 대한 다양한 내용을 찾아볼 수 있다. 한국식 화장법이나 한국 화장품을 케이뷰티라고 부른다. 한류 스타들이 모델이 돼서 케이뷰티 제품을 광고하기도 한다. 한류가 없었으면 케이뷰티는 지금처럼 인기가 많지 않을지도 모른다.

케이뷰티의 이미지는 '자연스럽다, 깨끗하다, 건강하다, 품질이 좋다'로 설명된다. 진한 화장보다는 가벼운 화장을 통해서 얼굴을 자연스럽게 보이게 한다. 그리고 깨끗한 피부를 돋보이게 한다. 또한 주로 천연 재료를 이용하기 때문에 화장을 할 때 안전하고 건강한 느낌을 준다. 마지막으로 한국 화장품은 제품이 다양하고, 디자인과 품질이 좋은 편이다. 케이뷰티는 이런 이미지 때문에 세계의 많은 사람들에게 사랑을 받고 있다.

23과 무슨 선물을 줘야 할지 모르겠어요.

[대화 1]

비비안: 이번 일요일이 제니퍼 일이라면서?
다니엘: 응. 그런데 엊그제께 싸우고 나서 서로 말도 안 하고 있어.
비비안: 어떡해. 그래도 여자 친구인데 빨리 화해해야지. 일요일에 이벤트나 선물을 하면 기분이 좀 풀리지 않을까?
다니엘: 그렇지 않아도 생일 선물을 준비하려고 하는데 뭘 사야 할지 모르겠어.
비비안: 꽃다발을 선물하고 근사한 식당에서 저녁을 먹는 건 어때?
다니엘: 그거 좋겠다. 근데 꽃다발 말고 좀 더 기억에 남을 만한 게 없을까? 작년 생일에는 내가 한국에 가는 바람에 제대로 챙겨 주지 못했거든.
비비안: 제니퍼가 운동을 좋아하니까 운동화를 선물하는 건 어때?
다니엘: 나도 그 생각을 했었는데 한국 사람들은 애인에게 신발을 선물하지 않는다고 하더라고.
비비안: 아, 나도 들은 적 있어. 애인한테 신발을 선물하면 그걸 신고 도망간다는 미신이 있지? 고민이 되긴 되겠다.
다니엘: 응, 좀 더 생각해 봐야겠어.

[듣기·말하기 1]

1. 남자: 민지 씨, 무슨 일 있어요? 얼굴이 안 좋아 보여요.
   여자: 오늘 새벽까지 숙제를 했는데 컴퓨터가 갑자기 고장 나는 바람에 저장이 하나도 안 됐어요. 내일까지 내야 하는데 어떻게 해야 할지 모르겠어요.
   남자: 어떡해요. 당황스럽겠어요.
   여자: 네, 지금 처음부터 다시 하고 있는데 다 끝낼 수 있을지 모르겠어요.
   남자: 교수님께 말씀 드렸어요?
   여자: 아니요, 아직이요.
   남자: 교수님께 빨리 말씀드리는 게 어때요?
   여자: 아, 그렇게 하는 게 좋을까요?
   남자: 그럼요. 그리고 숙제를 며칠 늦게 내도 괜찮은지 물어보세요.
   여자: 아, 그래야겠네요. 알려 줘서 고마워요.

2. 여자: 모하메드, 무슨 고민이 있어?
   남자: 사실은 지난주에 받은 용돈을 다 써 버려서 부모님께 어떻게 말해야 할지 모르겠어.

부모님께 혼날 것 같아.
여자: 한 달 동안 쓰라고 받은 용돈을 벌써 다 써 버린 거야?
남자: 얼마 전에 여자 친구하고 사귄 지 백일이라서 좀 비싼 선물을 샀거든.
여자: 그래도 그렇지. 돈을 한 번에 다 쓰면 어떡해.
남자: 그러게 말이야. 그래도 당장 돈이 필요하니까 부모님께 말해야겠지?
여자: 그래야지. 그리고 너도 이제부터 아르바이트를 해서 용돈은 벌어야지.
남자: 안 그래도 그럴 생각이야.

[읽기·쓰기 1]
　이번 토요일에 김지영 선생님께서 결혼하신다. 선생님이 우리 반 학생들을 초대하셨다. 나는 김지영 선생님께 한국어를 2년 동안 배워서 선생님과 정이 많이 들었다. 그래서 선생님의 결혼식에 반 친구들과 가려고 한다. 그런데 선생님 결혼 선물로 뭐를 사야 할지 모르겠다. 한국 사람들은 결혼식에 선물 대신에 축의금을 주는 관습이 있다고 한다. 그런데 나는 선생님께 축의금보다는 선물을 드리고 싶다. 선생님께서 선물을 보실 때마다 나를 생각하시면 좋겠다. 인터넷 쇼핑몰에서는 주방에서 쓸 수 있는 물건이 요즘 결혼 선물로 인기가 많은 것 같다. 주방용품은 종류도 많고 가격대도 다양해서 예산에 맞는 선물을 고르기도 쉬운 것 같다. 그래서 나는 찻잔 세트를 살까 한다. 선물이 선생님 마음에 들었으면 좋겠다.

[대화 2]
모하메드: 소피아가 다음 달에 결혼한다는 소식 들었니?
제 니 퍼: 응, 나도 주말에 동창회에 갔다가 소피아한테서 청첩장을 받았어.
모하메드: 신랑은 우리가 모르는 사람인데 데이트앱으로 만났다고 하더라고. 소피아랑 성격도 잘 맞고 성실해서 부모님들도 좋아하신대.
제 니 퍼: 나도 한번 가입해 보고 싶은데 믿을 만한지 모르겠다. 좋은 사람인 척하는 사람도 있지 않을까?
모하메드: 믿을 만한가 봐. 게다가 요즘은 인공지능이 나이와 직업 같은 여러 가지 조건을 다 고려해서 어울리는 회원을 만나게 해 준대.
제 니 퍼: 와, 인공지능이 중매까지 해 주는 세상이구나.
모하메드: 그런데 한국 사람들은 결혼할 때 돈을 준다고 하던데 얼마를 준비해야 할지 모르겠네.
제 니 퍼: 요즘은 축의금 대신에 선물을 주기도 하니까 소피아한테 필요한 걸 같이 생각해 보자.

[듣기·말하기 2]
1. 남자: 토요일에 소피아 결혼식에는 잘 다녀왔니?
   여자: 응, 결혼식에 갔다가 동창들도 많이 만났어.
   남자: 좋았겠다. 난 바쁜 일이 있어서 그냥 축의금만 보냈어. 신혼여행은 어디로 갔대?
   여자: 신혼여행은 하와이에 갔다가 이번 주말에 돌아온대. 수요일 저녁에 집들이를 한다고 초대하더라고.
   남자: 나도 초대받았으니까 같이 가자. 근데 한국 사람들은 집들이 선물로 휴지를 가져간다면서?
   여자: 응, 주로 휴지를 가져가는데 세제를 가져가기도 해. 휴지처럼 일이 술술 풀리고, 세제 거품처럼 번창하라는 뜻이래.
   남자: 재미있네. 우리도 휴지하고 세제를 사 가자.

2. 남자: 요즘 다들 결혼을 늦게 하는 것 같아요. 결혼을 하지 않으려는 사람들도 점점 더 많아지고 있고요.
   여자: 네, 옛날보다 사람들의 수명이 길어졌고 결혼에 대한 생각도 많이 바뀐 것 같아요. 저도 대학원 공부를 다 끝내고 나서 천천히 결혼할 생각이에요.
   남자: 그래도 저는 빨리 결혼하고 싶어요.
   여자: 사귀는 분이 있어요?
   남자: 아직 사귀는 사람은 없지만 꼭 연애결혼이 아니라도 좋아요. 중매결혼도 괜찮다고 생각해요. 저희 부모님도 아는 사람의 소개로 중매결혼 하셨어요. 처음에는 마음에 안 드는 척하셨지만 사실 두 분 다 첫눈에 반하셨대요. 두 분이 성격도 잘 맞아서 재미있게 사세요.
   여자: 그래도 저는 오래 사귀어 보고 나서 사랑하는 사람하고 결혼하는 게 좋을 것 같아요.

[읽기·쓰기 2]
　미신은 과학적인 근거는 없지만 오랫동안 사람들이

가지고 있는 믿음을 말한다. 각 문화의 독특한 미신을 알면 그 문화를 더 잘 이해할 수 있다. 한국 문화에도 다양한 미신이 있다. 예를 들어 미역국은 한국 사람들이 자주 먹는 음식이지만 중요한 시험 보는 날에는 먹지 않는다. 미역이 미끄러워서 시험에서 미끄러진다는 미신이 있기 때문이다. 반대로 시험을 보는 친구들에게 찹쌀떡을 선물하기도 하고 엿을 선물하기도 한다. 이 음식들은 끈적끈적해서 물건에 잘 붙기 때문에 시험에도 잘 붙으라는 뜻이다. 까마귀가 울면 나쁜 일이 생긴다는 믿음도 한국에서 아주 유명한 미신 중의 하나이다. 반대로 아침에 까치가 울면 반가운 손님이 온다는 미신도 있다. 또 한국 사람들은 빨간색 펜으로 이름을 쓰는 것을 피하려고 한다. 빨간색은 피를 뜻하기 때문에 빨간색으로 이름을 쓰면 그 사람이 죽는다는 미신이 있기 때문이다. 이런 한국의 미신을 이해한다면 시험을 보는 친구에게 엿을 선물할 수도 있고, 다른 사람을 배려해서 빨간색으로 이름을 쓰는 것도 피할 수 있다.

24과 공부는 하면 할수록 어려운 것 같아.

[대화 1]

캐서린: 민호야, 취업 준비 잘돼 가?
민 호: 응, 얼마 전에 지원했던 동물 병원에서 면접을 보러 오라고 연락이 왔어.
캐서린: 어머, 정말? 너무 잘됐다. 넌 동물을 좋아하는 데다가 전공하고도 잘 맞잖아.
민 호: 근데 난 동물 병원에 취업을 할지, 창업을 할지 고민이야.
캐서린: 창업? 특별히 계획하고 있는 게 있어?
민 호: 응, 반려 동물과 관련된 온라인 쇼핑몰을 운영하고 싶어.
캐서린: 요즘 반려 동물을 많이 키우니까 그것도 괜찮겠다.
민 호: 그런데 사업 경험이 없어서 바로 창업하는 게 좀 걱정이 되기는 해.
캐서린: 그럼 경력을 쌓기 위해서 동물 병원에서 당분간 일해 보는 건 어때?
민 호: 아무래도 그게 좋겠지? 너는 어때? 대학원 공부는 할 만해?

캐서린: 재미는 있는데 공부는 하면 할수록 어려운 것 같아.
민 호: 그래도 공부가 네 적성에 잘 맞으니까 잘할 수 있을 거야.

[듣기·말하기 1]

1. 남자: 매기 씨는 졸업하고 뭐 할 거예요?
   여자: 토론토에 있는 한국 여행사에서 가이드를 하고 싶어요.
   남자: 여행 가이드요? 매기 씨 전공은 경영학이잖아요.
   여자: 맞아요. 나중에 여행사를 운영하고 싶은데요, 먼저 경험을 쌓기 위해 여행 가이드를 해 보려고요.
   남자: 아, 그렇군요. 한국에서 여행 온 사람에게 가이드를 해 주는 거예요?
   여자: 네, 대학에서 배운 한국어도 잘 쓸 수 있을 것 같아요.
   남자: 매기 씨는 사람들을 만나는 걸 좋아하는 데다가 한국어까지 잘해서 가이드가 잘 어울릴 것 같아요.
   여자: 네, 저도 한국 사람하고 만나서 이야기할 수 있는 게 너무 좋아요.

2. 남자: 김 선생님, 안녕하세요. 잘 지내셨어요?
   여자: 스티브, 오랜만이네. 어서 와. 그동안 잘 지냈어?
   남자: 네, 저는 잘 지냈어요. 요즘 취업 준비하느라 좀 바빠요.
   여자: 그렇구나. 스티브는 학교 성적도 좋은 데다가 성격도 좋아서 취업이 잘 될 거야.
   남자: 감사합니다. 사실 취업 때문에 부탁드릴 게 있어서 왔어요.
   여자: 그래? 무슨 부탁인데?
   남자: 이번에 자동차 회사에 지원을 하려고 하는데 선생님 추천서가 필요해서요.
   여자: 그렇구나. 언제까지 써 주면 되니?
   남자: 다음 달까지만 써 주시면 돼요.
   여자: 그럼, 내가 그때까지 써서 이메일로 보내줄게. 꼭 합격하면 좋겠다.
   남자: 감사합니다.

[읽기·쓰기 1]

　저는 어릴 때 운전할 수 있는 장난감 자동차를 선물 받은 날을 잊지 못합니다. 작은 장난감이지만, 전기로 움직이는 자동차는 너무 신기했습니다. 자동차에 대한 행복한 기억은 자동차를 배우고 싶은 마음으로 이어졌습니다. 대학교에서 수업을 들으면서 자동차에 대해 많은 것을 공부하였고, 자동차 정비 회사에서 인턴을 하면서 자동차를 고치는 기술도 배웠습니다.

　저는 새로운 기술을 가진 자동차를 보면 가슴이 뜁니다. 새로운 기술에 대해 공부하기 위해 밤을 새우기도 합니다. 자동차를 공부하면 공부할수록 궁금한 것들이 더 많이 생깁니다. 자동차는 저의 미래이고 희망입니다. 대한자동차 회사는 저의 미래와 희망을 만드는 곳입니다. 그래서 저는 대한자동차에서 제 꿈을 이루고 싶습니다.

[대화 2]

김지영: 다니엘 씨, 요즘 어떻게 지내고 있어요?
다니엘: 취업 준비하느라고 정신이 없어요. 한국은 경쟁률이 높아서 취업이 잘 안 될까 봐 걱정이에요.
김지영: 다니엘 씨는 성적도 좋고 인턴 경험도 많으니까 잘 될 거예요. 그런데 어디에 지원하려고 해요?
다니엘: IT 관련 기업에 지원하려고요. 그런데 제출할 서류가 생각보다 많네요. 마감일이 며칠 안 남았는데 그때까지 다 할 수 있을지 모르겠어요.
김지영: 마감일이 언제예요?
다니엘: 이틀밖에 안 남았는데 자기소개서를 아직 다 못 써서 걱정이에요. 어떻게 마무리해야 할지 모르겠어요.
김지영: 그래도 시간이 좀 남아 있으니까 걱정하지 말고 잘 준비해 보세요. 계속 쓰다 보면 좋은 생각이 날 거예요.
다니엘: 감사합니다. 최선을 다하겠습니다.

[듣기·말하기 2]

남자: 제니퍼, 오래간만이다. 요즘 어떻게 지내?
여자: 내일모레 인턴십 면접이 있어서 준비하고 있어.
남자: 그래? 어느 회사에 지원했어?
여자: 내 전공이 경제학이라서 서울은행에 지원했어. 그런데 면접 때 대답을 잘 못 할까 봐 걱정이야.
남자: 나도 전에 면접을 본 적이 있는데 조금 떨리기는 떨리더라. 그래도 계속 연습을 하다가 보면 익숙해지더라고.
여자: 안 그래도 나도 매일 거울을 보면서 연습하고 있어.
남자: 그리고 면접 가기 전에 친구들하고 몇 번 연습했는데 도움이 많이 되더라.
여자: 그것도 좋은 방법이네. 고마워.
남자: 이번에 잘되면 좋겠다. 파이팅!

[읽기·쓰기 2]

　나는 요즘 취업 준비 때문에 바쁘게 지낸다. 며칠 전에 취업 관련 인터넷 사이트를 보다가 내가 일하고 싶은 회사 한 군데를 찾았다. 내 전공과도 잘 맞는 데다가 한번 해 보고 싶은 일이라서 지원하려고 한다. 지원 마감일까지 일주일이 남아 있다. 오늘부터 최선을 다해서 준비할 것이다. 지난번에 지원한 회사는 떨어졌기 때문에 이번에도 떨어질까 봐 조금 걱정이 된다. 꼭 합격해서 이 회사에서 일하게 되면 좋겠다.

English Translation

Lesson 17

[Conversation 1]

Mohamed: Hello. I am here after seeing your advertisement looking for a part-time worker.

Store owner: Oh, really. Did you bring a resume?

Mohamed: Yes, here you are.

Store owner: Have you ever worked part-time before?

Mohamed: Yes, I have worked as a waiter at a restaurant and also worked at a supermarket.

Store owner: Have you ever worked at a convenience store?

Mohamed: This is my first time. But I am sure I can do well.

Store owner: By the way, won't you be busy if you work while attending school?

Mohamed: I am busy during the day time but I can work at night.

Store owner: Because I am looking for a person who can work at night, it is great. It can be less busy but it can be a bit hard to work at night.

Mohamed: Although the work is hard, it is okay. I can do it because I am young.

Store owner: No matter how young you are, do not overwork. Please start working from next week.

Mohamed: Yes, thank you. I will see you next week.

[Listening/Speaking 1]

1. Man: Hello.
   Women: Hello. Are you still looking for a part-time worker?
   Man: Yes, there is a position still available.
   Woman: I would like to apply for the position. Can I ask you a few questions.
   Man: Yes, please go ahead.
   Woman: Perhaps can I work only Wednesday, Friday and Saturday?
   Man: Yes, it is okay. My coffee shop is open from 10:00 am to 10:00 pm.
   Woman: How much is the hourly rate then?
   Man: It is $16 per hour.
   Woman: Yes, I get it. What can I do to have an interview?
   Man: Please come to the coffee shop at 10:00 am tomorrow morning.

2. Man: Do you have any plans this weekend?
   Woman: I have a part-time job over the weekend.
   Man: Part-time? What kind of work do you do?
   Woman: I work at a convenience store near my house every weekend.
   Man: Do you have to make more money although you receive a scholarship?
   Woman: Yes, although I have a scholarship, I still have to work because the tuition is too expensive. Do you work part-time as well?
   Man: I work for the school library on Mondays and Wednesday. The work is not too hard.
   Woman: Because my work at the convenience store is hard, I am considering working at school starting next semester.

[Reading/Writing 1]

1. Woori Convenience is seeking a part-time worker
   Hours: Weekday Mornings (Mondays to Fridays): 8:00 am to 12:00 pm
   Weekend Afternoons (Saturday and Sunday): 1:00 pm to 11:00 pm
   Work to do: Cashier, organizing goods, cleaning
   Document needed: Resume
   Application method: email (wuriconvi@naver.com), visit
   Phone number: 010-2050-2000

2. My name is Justin. I am a university student majoring in Korean language. I have worked part-time at a clothing store for one year. I have also worked as a waiter at a restaurant. I would like to do the delivery part-time job at Kkokko Chicken. I can ride a motorcycle. I am a little bit busy because I am a student, but I can work after 7:00 pm every day.

[Conversation 2]
Mohamed: Do you have any worries?
Vivian: I have to pay rent but I ended up spending all my money.
Mohamed: Oh no. You are in big trouble.
Vivian: I am looking for a part-time job. Isn't there any good position?
Mohamed: How about a coffee shop near the school?
Vivian: Are they looking for a part-timer?
Mohamed: Yes, it seems so.
Vivian: Really? Then I will try to apply for the job. Do you work as well?
Mohamed: It has been a week since I started working for a convenience store.
Vivan: Isn't it hard to work for a convenience store? The hourly rate is low as well.
Mohamed: Yes, working at night is killing me these days. But I have a lot of classes during the day, so I don't have time.
Vivian: I see. I will treat you when I get a part-time job.
Mohamed: I hope that things will go well for you.

[Listening/speaking 2]
1. Susanna: Daniel, did you hand in the homework?
   Daniel: No, I didn't have time to do the homework because I had my part-time job all throughout the week.
   Susanna: Even so, do the homework and hand it in quickly.
   Daniel: I am dying of being so tired because of the delivery work. I worked eight hours per day this week.
   Susanna: It must have been so hard. But no matter how tired you are, you have to do the homework.
   Daniel: Yes, I will do the homework and hand it in soon.

2. Hi, everyone. I am Vivian from ViviTV. I will talk about part-time jobs. I ended up spending all the money although it has only been a week since I got paid from my part-time job. So lately I have been dying because of no money. I think I have to have a part-time job again. Today, I searched for a part-time job on a website with part-time job advertisements. At this moment, there was a Korean restaurant near my house that was looking for a part-timer. I called the restaurant. I decided to go there to have an interview tomorrow. I would like to do a good job at tomorrow's interview and get the position for sure. Please cheer me on. If you want to root for me, please click 'subscribe' and 'like.'

[Reading/Writing 2]

Receiver: s.resto@gmail.com
Sender: mh.lee@naver.com
Title: Applying for part-time job
Dear Owner of Seoul Restaurant,
Hello. I am Minho Lee. It has been 5 years since I came to Canada. I am majoring in culinary arts at a university. I am contacting you because I would like to work in the Seoul Restaurant kitchen. I have worked as a part-timer at a Chinese restaurant for one year last year. Since I am Korean, I know a lot about Korean food and I am good at cooking Korean food as well. I am confident that I will work hard. I am attaching my resume. I will wait for your reply.

Sincerely
Minho Lee

Lesson 18

[Conversation 1]

Doctor: What brings you here?
Minho: I think I have a swollen throat. I have a headache, too.
Doctor: Do you have a cough or a runny nose?
Minho: I don't have a runny nose, but I do cough.
Doctor: How long has it been?
Minho: It has been about a week.
Doctor: I'm going to check your temperature. You have a little fever. I think you have a cold that has been going around recently.
Minho: What should I do?
Doctor: I'll write you a prescription. Take the medicine three times a day after each meal.
Minho: For how long should I take the medicine?
Doctor: For three day starting now. Drink lots of hot water and take a good rest. Then you will feel better. And do not eat cold food or drinks for a while.
Minho: Okay.

[Listening/Speaking 1]

1. Woman: Mohamed, what are you going to do for the project?
   Man: I'm planning to make a short movie or a Vlog. And you?
   Woman: I'm going to make a music video this time.
   Man: A music video?
   Woman: Yes. I decided on the song, too.
   Man: I also wanted to make a music video, but I don't know many songs, so I decided to make a movie.
   Woman: What kind of movie?
   Man: I'm thinking either comedy or action, but I haven't decided on it yet.
   Woman: Then do you want to make a music video with me instead?
   Man: Jennifer. I can't dance.
   Woman: I can dance. You can just shoot.
   Man: Okay. That's good.

2. Have you ever wanted to sing by yourself or wanted to go to a karaoke (noraebang) when you don't have much time? Then I recommend a coin noraebang for you. It is a place where you can sing for ₩500, and it lets you sing two or three songs. There are many small rooms for one person. But if you want to go with a bunch of people, do not go to a coin noraebang, instead try a bigger one. A coin noraebang is too small and can barely fit three people maximum. But it is good for singing about two songs by yourself.

[Reading/Writing 1]

When I was little, I was weak. I used to sneeze and get a fever right away when I stayed outside even just for a short time. So I had to take lots of medicine and often got shots. One day my doctor told me, "Jiho, you don't like getting shots, right? Then why don't you start doing some exercise, not just stay at home all the time? I think it will be good to try swimming or playing soccer." There was a swimming pool near our house, but the soccer field was far from home. Mom said, "Let's learn swimming not soccer." So I started to go to the swimming pool. After starting to swim, I got a lot healthier. Until now I always felt thankful for the doctor who recommended that I exercise.

[Conversation 2]
Minho: Hello.
Jennifer: Hi Minho, how are you? Why are you not coming to school these days?
Minho: I couldn't go because I didn't feel well.
Jennifer: Oh, no! Did you go to see a doctor?
Minho: Yeah. The doctor told me to take medicine and rest because I have a cold.
Jennifer: Oh. I heard the cold going around is quite severe. Are you okay?
Minho: Yup. I got a lot better after taking medicine. I should have gone to the doctor's office sooner.
Jennifer: That's good. I didn't call you because you seemed so busy. I should have called you earlier.
Minho: That's fine. You are so busy these days, too.
Jennifer: I hope you get better soon. Let me know any time if you need anything.
Minho: Okay. I'll do that. Thanks for calling.
Jennifer: No problem. Take good care of yourself. I'll contact you again.
Minho: Okay. Thanks.

[Listening/Speaking 2]
1. Man: Sujin, you know the big mart near our office, right?
   Woman: Yeah, it opened recently.
   Man: That's right. I heard that they will have a sale for two hours Saturday afternoon.
   Woman: Saturday afternoon?
   Man: Yeah. They said it's a surprise sale.
   Woman: What time?
   Man: I heard it's from 1 to 3 pm.
   Woman: Oh, then I can go too. What are you going to get?
   Man: I'm going to get some beverages or fruit. How about you?
   Woman: I'll have to get shampoo if it is on sale.
   Man: Should we meet up and go together?
   Woman: Sure. See you on Saturday.

2. Man: What seems to be the problem?
   Woman: I have a stomach ache and indigestion.
   Man: For how long?
   Woman: Since last night.
   Man: What did you eat for dinner yesterday?
   Woman: I ate a lot of different dishes at a buffet.
   Man: Overeating is not good for you no matter how delicious the food is.
   Woman: I should have had only a little.
   Man: I'll give you a prescription. Do not eat too much next time.
   Woman: I won't.

[Reading/Writing 2]
My older sister has sensitive skin. So she says that it's itchy when she uses products bought from stores. So I watched a YouTube video and made a lotion on my own. I made it with olive oil and it was easier than I thought. My sister was happy with my lotion because her skin got better. She said it was not as itchy as the ones from stores. Since then she keeps asking me to make the lotion. Since she likes it, I am proud, too.

Lesson 19

[Conversation 1]

Daniel: Jennifer, long time no see. How have you been?

Jennifer: I have been good. I've been busy lately with moving out.

Daniel: Really? The house you used to live in was good, though.

Jennifer: It was bright and quiet, but the transportation was a bit inconvenient. I moved because I wanted to live closer to school.

Daniel: Oh, really? Do you like the house you just moved into?

Jennifer: Yes, it's clean and nice to walk to school. There are convenience stores and restaurants across the street, too.

Daniel: That's good. Did you arrange everything?

Jennifer: Yes, I'm almost settled in. All I need is a closet.

Daniel: You must have had a hard time.

Jennifer: Since my home is close to the school, please come and visit sometime.

Daniel: Okay, I will stop by on my way to school. See you later.

[Listening/Speaking 1]

1. Woman: Long time no see. Have you been doing okay?

   Man: Yes, but I moved last week. So I was busy arranging my things. Have you been doing okay?

   Woman: Yes, I've been so busy working part-time at the movie theater throughout the break.

   Man: Did you quit your previous part-time job at the coffee shop?

   Woman: Yes, I quit because of summer classes.

2. Mom: Minsu, where are you going?

   Minsu: I'm going out for a while to meet a friend.

   Mom: Could you throw away some trash on your way out?

   Minsu: Yes, I got it.

   Mom: And on your way home, would you stop by the mart and get some tofu and bean sprouts? I'm going to cook some soybean paste stew.

   Minsu: Okay, I will.

[Reading/Writing 1]

Jennifer is busy looking for a room these days. The house that Jennifer lives in now is bright and nice, but it's far from school. So she takes the subway. Jennifer wants to live where she can walk because she has to go to school every day. Jennifer is looking for a sunny house, and is okay if the house isn't new. She wishes there was a bank, pharmacy, and mart near her house or on her way to school. However, Jennifer is a student, so she doesn't have much money. She hopes that the monthly rent doesn't exceed 1000 dollars. Jennifer is looking on the website for a house to live in.

[Conversation 2]

Daniel: I heard that Jennifer moved.

Vivian: Oh, really? She said she would move out during the break.

Daniel: She originally tried to do it during the break, but she suddenly moved.

Vivian: Oh, I see. Where's her house?

Daniel: I heard that it is near the school. Actually, Jennifer said that she is having a housewarming party next Saturday. Let's go together.

Vivian: Yeah, that's great. It has been a while since I saw her.

Daniel: But I don't know what gift would be a good for a housewarming party.

Vivian: From what I heard, Korean people usually bring toilet paper.
Daniel: Really? Why do people take toilet paper?
Vivian: As toilet paper unrolls easily, it means "I hope that things would work out smoothly."
Daniel: That's amazing. Then, we should take some toilet paper, too.
Vivian: Okay, let's meet on Saturday morning and go together.

[Listening/Speaking 2]

1. Man: Mi-young, I heard that you're looking for a house these days. Did you find a house?
   Woman: No, I'm still looking. I saw two houses yesterday, but I liked neither of them. The kitchen in one place is a little small and the other is too expensive. I'm not sure whether I can find a decent house.
   Man: It's not easy to find a house you like, is it?
   Woman: Yes, I think I'll have to look more.
   Man: I hope that you can find a house that you like.

2. Man: What kind of house are you looking for?
   Woman: A furnished apartment with one bedroom.
   Man: Good, just in time there's a furnished apartment with one bedroom. Wait a minute. I'll call the landlord.
   (after a while)
   Man: Oh, you can move into the house next week and it has a refrigerator, a dining table, a bed, a sofa. The landlord said that it's also sunny. And you can come and see it tomorrow if you want.
   Woman: Oh, really? That's great. Then, I'll go and see it tomorrow afternoon.

[Reading/Writing 2]

It has been three weeks since I moved near the school. I moved in suddenly, but I like it because it is close to school. I haven't gotten furniture yet, so I want to buy a bookcase and a bed. But I don't know where I can buy furniture because I just moved in this neighborhood. So I called my classmate Seoyeon. "Seoyeon, I'm planning to go buy furniture today, but I don't know where I can get it. Let me know if you know a good place." Seoyeon said, "Well, I haven't been there myself, but I heard that some furniture stores near the department store are cheap and their designs are pretty." I'm going to go to the places today that Seoyeon told me.

Lesson 20

[Conversation 1]

Mohammed: I heard from Minho that you are going to Korea this summer.
Vivian: Yes, I will go to Korea University as an exchange student.
Mohammed: I went there last summer too. The lecture was fun and the campus was pretty. Did you buy the plane ticket?
Vivian: I'm still looking into it. The tickets are quite expensive because it's the peak season.
Mohammed: I saw on the internet that Seoul Travel Agency sells discounted tickets.
Vivian: Oh, really? I'll have to check it out. Where did you get your visa?
Mohammed: You can apply at the consulate office.

Vivian: It's not far. I had better apply on the way to school tomorrow.
Mohamed: If you have any other questions, feel free to ask.
Vivian: Sure, thank you.

[Listening/Speaking 1]

1. Woman: Have you ever been to Italy?
   Man: Yeah, I went there last year. The scenery was good and the buildings were great.
   Woman: I heard that ice cream is delicious, too.
   Man: That's right. It was so delicious that I ate it every day during the trip.
   Woman: I'm also going to Italy this summer. Where should I buy a plane ticket?
   Man: I bought it in a package from a travel agency. It was convenient because it included both hotel and airline tickets.
   Woman: Then I should also look for a package tour. Do I have to get a visa?
   Man: Canadians don't need a visa.

2. A: Have you ever been to Paris?
   B: Yes, I went there two years ago and the Eiffel Tower was awesome.
   A: I heard that Parisians are cool, too.
   B: Yes, people dress very well.

[Reading/Writing 1]

Direct Hankuk Air Lines
Toronto ⇌ Incheon 6/1~6/21 $1200
6/22~8/20 $1500
8/21~9/2 $1300
Hankuk Air Lines via Vancouver
Toronto ⇌ Vancouver ⇌ Incheon
6/1~6/21 $1100
6/22~8/20 $1350
8/21~9/2 $1200

Summer round-trip ticket sale

Direct Hankuk Air Lines
Toronto ⇌ Incheon
6/1~6/21 $1200
6/22~8/20 $1500
8/21~9/2 $1300

Hankuk Air Lines via Vancouver
Toronto ⇌ Vancouver ⇌ Incheon
6/1~6/21 $1100
6/22~8/20 $1350
8/21~9/2 $1200

We also sell one-way tickets.
Please email Woori travel agency for inquiries and reservations.
Email address: booking@wooritravel.com
Homepage: http://www.wooritravel.com

[Conversation 2]

Vivian: Excuse me. May I ask you a question? Where is the Seoul Department Store?
Man: Oh, Seoul Department Store? You see that bank over there?
Vivian: The one on the intersection over there?
Man: Yes, turn right there. And go straight. Walk about 30 meters and then cross the street when you get to the gas station.
Vivian: At the gas station?
Man: Yes. As soon as you cross the street, you'll see a big building on your left. That's the Seoul Department Store.
Vivian: Thank you.
Man: This is your first time in town?
Vivian: Yes, it's not easy to find the way because I just came to Korea.
Man: I'm going in the same direction. Do you want me to come with you?
Vivian: Thank you very much.

[Listening/Speaking 2]

1. Man: Well, is there a pharmacy near

here?
Woman: A pharmacy? You see that gas station over there?
Man: Yes.
Woman: Turn left there and go straight. If you walk a little, you'll see a pharmacy on your right.
Man: Okay, thank you.
Woman: And you see the department store over there? There is another pharmacy across from the department store.
Man: Thank you very much.

2. I went to Gangneung with my friend last weekend. I rented a car and my friend drove. We had a lot of fun on the highway and stopped by the rest stop and had some delicious snacks. Gangneung is famous for its wide and clean beaches. So we went to the beach as soon as we arrived at Gangneung. The scenery was nice and the wind was cool. There were so many pretty cafes on the beach. My friend said that coffee is also famous in Gangneung. We went to the café that my friend recommended and ate coffee and cake. I felt that the coffee and the cool ocean relieved my stress.

[Reading/Writing 2]
I'm Vivian. I first came to Seoul a week ago. As an exchange student, I plan to take a class at Hankuk University for a semester. My major is economics, but I will also take Korean classes. I learned Korean in Canada, but it would be more fun to learn in Korea. I entered the dormitory as soon as I arrived at school. The dormitory room was clean and I liked my roommate.

The summer weather in Korea was much hotter than I thought, so the clothes that I brought from Canada were a bit uncomfortable. So I went to a department store near the school to buy lightweight clothes. But I got lost while I was looking for the department store. I asked a passerby for directions and he kindly informed me. I said that it was hard to find the way because I came to Korea for the first time. He took me to the department store himself. I guess all Koreans are kind. I had been studying Korean very hard, so it was good that I was able to use it today.

Lesson 21

[Conversation 1]
Maria: Tony, have you watched the Korean drama "Twenty One" these days?
Tony: No, I haven't seen it yet, but my friends have been watching that drama a lot. It looks exciting.
Maria: Yes, I'm watching it too these days, and each character has their personality and charm.
Tony: Who are the main characters?
Maria: They are not famous actors but good at acting. Since the story is also solid, the drama is popular.
Tony: Is that so? I'll have a look later, too. But I didn't know you liked dramas so much.
Maria: I didn't know I would like them this much. Even though I am busy, once I start one drama I cannot help finishing all episodes.
Tony: Can you recommend any other dramas worth watching?
Maria: Yes, I will choose a drama that will help you study Korean.

[Listening/Speaking 1]
1. Woman: Whoa~~~~
   Man: Looks like something good is happening. You look so excited
   Woman: It's my oppa's (older brother's) birthday today. So the fan club

posted an advertisement in the subway station, and my oppa took a picture in front of the ad and just posted it on my brother's SNS.

Man: Oppa? I didn't know you had an oppa. Is your oppa that famous?

Woman: Ha ha ha. I call actor Lee Sun-woo my oppa. I'm obsessed with that actor these days.

Man: I see. By the way, I thought the actor was young, but is he older than you?

Woman: No, he's younger than me, but I call all the cool people my oppa.

Man: Ha ha ha. Is he an oppa despite his young age as long as he is handsome?

Woman: Yeah, it's like that in all fan clubs. By the way, he just took a picture in front of the ad and posted a thank-you note.

Man: I didn't know that fan clubs these days even put up advertisements to celebrate birthdays. It is amazing.

Woman: But do you have time now? I want to see the ad, can you come with me?

Man: Okay, let's go together. I'll take a picture of you.

Women: Thank you so much!

2. Man: Did you watch a Korean drama again?

Woman: Yeah, I don't get tired of watching the same episode multiple times for this one. It's fun to watch again.

Man: It looks like the story is solid. Who is the author?

Woman: Writer Jung Eun-hee. Do you remember the drama "My Mister" we watched together last year? It is the same author who wrote that drama.

Man: Really? I also really enjoyed that drama. I didn't know there was new work already out.

Woman: This work is also exciting. Would you like to see it together?

Man: Yes, Let's do it! Shall we watch it in the dorm this weekend?

Woman: Okay, Sounds good.

[Reading/Writing 1]

My friend Chris is majoring in film. When I meet Chris these days, he always talks about Korean movies. He seems to be obsessed with Korean movies. According to him, his favorite film director is Park Jun-ho. So he said he'd seen all the works directed by Park Jun-ho. Chris doesn't know Korean at all, so he watches the movie with subtitles. Even though he can't speak Korean, he tells me that whenever he learns a new word from a Korean film. It's great to see him working hard. As a Korean, I didn't know that I would hear about Korean movies from a Canadian friend. Seeing that Korean films are popular in Canada makes me kind of proud.

[Conversation 2]

Minho: What are you doing this weekend?

Jennifer: I am going to a K-pop concert this weekend.

Minho: Really? Buying concert tickets must have been almost impossible. How did you get it?

Jennifer: I bought it as soon as the online reservation site opened.

Minho: You are really lucky. Every time I tried to buy a K-pop concert ticket, it sold out so quickly that I couldn't get any.

Jennifer: I was like that at first, too, but later I got the hang of getting it.

Minho: What should I do to buy a ticket?

Jennifer: Teach me some tricks too.
Jennifer: Popular concerts sell out quickly, so be sure to turn on your computer and wait before the site opens.
Minho: Oh, I should be waiting. How early do I have to be in?
Jennifer: You have to be in 5 minutes in advance at the latest. And I like to use my phone and computer at the same time.
Minho: I will try to do the same next time. Thanks.

[Listening/Speaking 2]

Man: Jennifer, have you ever seen a drama called "That Winter"? I couldn't sleep last night watching it.
Woman: Do you watch it too? That drama is really popular these days. I even read all fan fiction about the drama too.
Man: Fan fiction? What is it?
Woman: Don't know it yet? Fanfic is a short form of fanfiction, a story written by fans of dramas or idols.
Man: Yeah? I didn't know there was such a thing. How do you get fanfic?
Woman: You can download it from the internet. I love fanfic so much that I'm writing one.
Man: Although you must be busy these days, you even write something like that. You are really awesome. When you're done, show it to me first.
Woman: Yeah. Okay.

[Reading/Writing 2]

My first online concert

The live concert started at 6 pm on Sunday, March 3rd! I waited in my room an hour before the concert began. Online concerts can be viewed comfortably while lying down at home or while eating. You can even sing along to a song without anyone noticing it. This concert lasted two and a half hours. It was amazing to be able to see all the members at the same time in the multi-view. If I selected the screen I wanted to see among several screens, I could see only the members I liked in more detail. It was disappointing that I couldn't see the group members in person, but I was so happy to be able to see them on the screen nonetheless. It might have been hard for them that they couldn't meet their fans in person. The way they sang sincerely was so beautiful.

Before seeing the concert I thought the price was a little high. But after seeing the concert I changed my mind. I thought to myself that the ticket is not expensive at all. Despite being an online concert, this concert is said to have set a new world record with 1 million viewers worldwide. That's great.

Lesson 22

[Conversation 1]

Hair designer: Welcome! Do you have a reservation?
Minho: Yes, I booked for 10 o'clock.
Hair designer: You're Minho Lee, right? Please come sit here. How would you like your hair done?
Minho: I don't have a lot of hair, so I want it to look full.
Hair designer: Then how about getting a perm?
Minho: My hair is so damaged because I dyed my hair several times. Would it be okay to get a perm?
Hair designer: It's easy to damage your hair if you dye your hair. But our hair salon uses natural perm chemicals, so you don't have to worry.

Minho: Is there such a thing?
Hair designer: Yes, you should try it this time.
Minho: Then please make it look natural with loose curl.
Hair designer: Okay. Would you like to come this way? I'll wash your hair first.

[Listening/Speaking 1]

1. Man: Welcome! It's been a while since you came. How would you like your hair done today?
   Woman: I'm thinking of getting a haircut this time.
   Man: How short would you like it cut?
   Woman: Please make it a little higher than my shoulders.
   Man: That's quite a lot.
   Woman: Yes, the long hair was a bit stuffy because the weather was hot.
   Man: It's nice to try a different style from time to time. Shorter hair will look good on you.
   Woman: I hope so. Please cut it nicely.

2. I am Jinwoo Kim. I have a younger brother. I sometimes take care of him when my parents are busy. I woke him up this morning again. I had breakfast with him and dressed him. I took him to kindergarten after I put new sneakers on him. After class, I went to a nearby park and played with him. I washed his hands after we got home and fed him dinner. As soon as I laid him on the bed, he fell asleep quickly. It's been a long day.

[Reading/Writing 1]

Yesterday, I went to a hair salon for the first time in 2 years since I came to Korea to study. I visited a place with good reviews in which the interior design was luxurious and neat. Even until I went to the hair salon, I wasn't sure what to do with my hair, but the hair designer showed me pictures of various hair styles. Thanks to the kind explanation, I could easily choose a style that suits me. I decided to cut my bangs and dye my hair. The hairdresser washed my hair before cutting it. In my country they only give one towel, but here in Korea they put a gown on me and let me sit on a comfortable chair. While they were washing my hair, they put a facial mask on me. While dying my hair, they also brought coffee and snacks. The Korean hair salon service that keeps customers from getting tired while doing their hair was amazing.

[Conversation 2]

Justin: Jennifer, you look different today. I almost didn't recognize you.
Jennifer: Yes, because I got a perm last weekend. How is it?
Justin: It looks good on you. But other than your hair, something has changed.
Jennifer: Maybe because I put on different makeup today. I've been watching a lot of beauty videos lately, and I followed the instruction.
Justin: You look younger with makeup like that.
Jennifer: Have you heard of K-beauty? The secret is to do it naturally as if you didn't do it.
Justin: I wasn't interested in makeup, so I didn't even know there was such a thing.
Jennifer: Men are also interested in appearance these days. There are a lot of cosmetics for men, and the number of men who care about their skin has increased.
Justin: Really? Then I should pay more attention to skin care, too.

[Listening/Speaking 2]

1. Man: What's up with you today? You look so nice that I almost didn't

recognize you!

Woman: Not much. I have a presentation in Korean class later, so I dressed up a bit.

Man: I see. The jacket looks really good on you.

Woman: Really? It's a brand new jacket.

Man: Where can I find such a great jacket?

Woman: I bought it from an online shopping mall. I followed the style that the model was wearing.

Man: It looks good. Do they sell men's clothes there as well?

Woman: Yes. There are a lot of nice men's clothes, too. I'll text you the address of the site.

[Reading/Writing 2]

Due to the popularity of K-dramas and K-pop, Korean style makeup is also making a splash. If you search for K-beauty on the internet, you can find various content on Korean style makeup or Korean cosmetics. Korean style makeup or Korean cosmetics are called K-beauty. Hallyu (Korean Wave) stars become models and advertise K-beauty products. If it weren't for Hallyu, K-beauty wouldn't be as popular as it is now. The image of K-beauty is described as 'natural, clean, healthy and of good quality.' It makes the face look natural through light makeup rather than heavy ones. And it makes clean skin stand out. In addition, it mainly uses natural materials, so it gives a safe and healthy feeling when putting on the makeup. Lastly, Korean cosmetics have a variety of products with good design and quality. K-beauty is loved by many people around the world because of such an image.

Lesson 23

[Conversation 1]

Vivian: I heard it's Jennifer's birthday this Sunday.

Daniel: Yes. But we haven't talked since we had a fight the day before yesterday.

Vivian: Oh, no. But since she is your girlfriend, you need to make up quickly. Wouldn't it make her feel better if you had an event or gift on Sunday?

Daniel: Actually, I am trying to prepare a birthday present, but I don't know what to buy.

Vivian: Why don't you give a flower bouquet and have dinner at a nice restaurant?

Daniel: That sounds great. Is there anything more memorable than a bouquet of flowers? I couldn't take good care of her on her birthday last year because I went to Korea.

Vivian: Since Jennifer likes to work out, why don't you give her sneakers as a gift?

Daniel: That's what I thought too, but Koreans don't give their lovers shoes as gifts.

Vivian: Oh! I've heard of it. There's a superstition that if you give your lover shoes, they'll wear them and run away, right? I understand your concerns.

Daniel: Yes, I need to think about it more.

[Listening/Speaking 1]

1. Man: Minji, what's going on? You don't look good.

   Woman: I did my homework until early this morning, but I couldn't save any of it because my computer suddenly broke down. It is due tomorrow, but I don't know what to do.

   Man: Oh, No. You must be embarrassed.

   Woman: Yes, I'm starting over but I don't know if I can finish it all.

   Man: Did you talk to the professor?

   Woman: No, not yet.

Man: Why don't you tell the professor right away?
Woman: Oh, do you think I had better do that?
Man: Of course. And ask if it's okay to hand in your homework a few days later.
Woman: Oh, I should. Thank you for letting me know.

2. Woman: Mohammed, what's your problem?
Man: Actually, I've run out of pocket money I got last week, so I don't know how to tell my parents. I think I'm going to get scolded by my parents.
Woman: Did you use up your pocket money already for a month?
Man: I bought a rather expensive present because it's been 100 days since I dated my girlfriend.
Woman: Yes, but still, you can't spend all your money at once.
Man: I know. But I need money right away, so I should tell my parents, right?
Woman: You should. And you should also work part-time to earn pocket money from now on.
Man: I'm thinking of doing that anyway.

[Reading/writing 1]
Teacher Jiyeong Kim is getting married this Saturday. She invited the students in our class to attend. I learned Korean from her for 2 years, so I became very close to her. So I am going to go to her wedding with my classmates. But I don't know what to buy as a gift for her wedding. It is said that Koreans give congratulatory money instead of gifts at weddings. But I want to give a gift to my teacher rather than congratulatory money. I hope she thinks of me whenever she sees the gift. Nowadays, items that can be used in the kitchen seem to be very popular as wedding gifts on the internet shopping malls. There are many types of kitchenware available at various price ranges, so it seems easy to find a gift that fits my budget. So I'm thinking of buying a set of teacups. I hope she likes the gift.

[Conversation 2]
Mohammed: Did you hear that Sofia is getting married next month?
Jennifer: Yeah, I went to the reunion over the weekend and got a wedding invitation from her.
Mohammed: The groom is someone we don't know, but she said they met on a dating app. I heard that Sophia's parents like him because he has a similar personality to Sophia and is diligent.
Jennifer: I'd love to join the app, but I don't know if it's reliable. Wouldn't some people pretend to be good?
Mohammed: I guess it's reliable. In addition, artificial intelligence these days considers various factors such as age and occupation to find suitable members.
Jennifer: Wow, it's a world where artificial intelligence even matches humans.
Mohammed: Koreans say they give congratulatory money when they get married, but I don't know how much to prepare.
Jennifer: Let's think about what Sophia needs because people give gifts instead of congratulatory money these days.

[Listening/Speaking 2]
1. Man: Were you at Sophia's wedding on

Saturday?

Woman: Yes, I met a lot of classmates at the wedding.

Man: That must have been nice. I just sent the congratulatory money because I was busy. Where did she go on her honeymoon?

Woman: She went to Hawaii for her honeymoon and will come back this weekend. She invited me to have a housewarming party on Wednesday evening.

Man: I was invited, too. Let's go together. I heard that Koreans take toilet paper as housewarming gifts, right?

Woman: Yes, people usually bring toilet paper, but sometimes they also bring detergent. It means things work out like toilet paper, and flourish like a detergent bubble.

Man: That's funny. Let's buy toilet paper and detergent, too.

2. Man: It seems like everyone gets married late these days. There are more and more people who don't want to get married.

Woman: Yes, people live longer now than before and their thoughts on marriage have changed a lot. I'm also thinking of getting married slowly after finishing my graduate studies.

Man: I still want to get married soon.

Woman: Are you seeing anyone?

Man: I'm not dating anyone yet, but it doesn't have to be a love marriage. I think it's okay to have an arranged marriage. My parents also got an arranged marriage through an acquaintance. At first, they pretended not to like each other but they both fell in love at first sight. They have similar personalities, so they have fun.

Woman: Even so, I think it would be better to marry someone I love after dating for a long time.

[Reading/writing 2]

A superstition is a belief that people have had for a long time without scientific grounds. Understanding a culture's superstitions can help you better understand that culture. Various superstitions exist in Korean culture. For example, seaweed soup is a food that Koreans often eat, but they don't eat it on important exam days. This is because there is a superstition that the seaweed is slippery and will cause a slip on the test. Contrarily, people give sticky rice cakes or taffy to their friends who are taking a test. These foods are sticky and adhere well to things, so it means they pass the test with ease. One of the most popular superstitions in Korea is that bad things happen when crows cry. On the other hand, there is a superstition that if a magpie crows in the morning, welcome guests will arrive. Also, Koreans try to avoid writing their names with red pens. Red symbolizes blood, so there is a superstition that if you write someone's name in red, they will die. If you understand these Korean superstitions, you can give taffy to your friends who are taking a test and avoid writing their names in red in consideration of others.

Lesson 24

[Conversation 1]

Catherine: Minho, how's your job preparation going?

Minho: Yes, I got a call to come for an interview at the animal hospital that I applied to recently.

Catherine:	Really? It's so good. You like animals and it is a good match for your major.
Minho:	However, I'm thinking about getting a job at an animal hospital or starting my own business.
Catherine:	Starting your own business? Do you have any special plans?
Minho:	I want to run a pet-related online shopping mall.
Catherine:	A lot of people raise pets these days, so that'd be cool.
Minho:	I don't have any business experience, so I'm worried about starting a business right away.
Catherine:	Then why don't you work at an animal hospital for a while to build your career?
Minho:	That's better in all respects, right? How about you? Is graduate school worth the effort?
Catherine:	It is fun, but I think the more I study, the harder it seems.
Minho:	Still, studying is a good fit for your aptitude, so you'll do well.

[Listening/Speaking 1]

1.
Man:	Maggie, what are you going to do after you graduate?
Woman:	I want to be a guide at a Korean travel agency in Toronto.
Man:	A tour guide? Maggie, your major is business administration.
Woman:	That's right. It is my goal to run a travel agency in the future, but I first want to gain experience as a travel guide.
Man:	Oh, I see. Are you going to guide Korean travelers?
Woman:	Yes, I'll be able to use the Korean I learned in college too.
Man:	You like meeting people and speak Korean well, so I think a guide would be great for you.
Woman:	Yes, I love meeting Koreans and talking with them.

2.
Man:	Hello, teacher Kim. How have you been doing?
Woman:	Steve, long time no see. Come on in. Is everything well with you?
Man:	Yes, I'm good. I'm busy preparing for a job these days.
Woman:	I see. You have good marks in school and a good personality, so you'll get a job.
Man:	Thank you. Actually, I came here to ask you a favor for a job.
Woman:	Really? Can you tell me what you want?
Man:	I'm trying to apply for an automobile company this time, but I need your recommendation.
Woman:	I see. Until when do you need me to write it by?
Man:	You can write it by next month.
Woman:	Well, I'll write it and email it to you by then. I really hope you get accepted.
Man:	Thank you.

[Reading/writing 1]

I will never forget the day when I was given a toy car that I could drive when I was young. It was a small toy, but it was amazing to watch the car move using electricity. Having fond memories of cars prompted my desire to learn more about them. When I was attending university, I learned a lot about cars, as well as how to repair them during an internship at an automobile maintenance company.

When I see cars equipped with new technologies, my heart beats. I sometimes stay up all night studying new technologies. The more I study automobiles, the more questions I have. Cars are my future and my dream. Daehan Motors is a place where I am able to create my future and dream. I want to achieve my dream at Daehan Motors.

[Conversation 2]

Jiyeong Kim: Daniel, how have you been?

Daniel: I'm busy getting ready for a job. I am worried that I will not be able to find a good job because of the high competition rate in Korea.

Jiyeong Kim: You will do well because you have good grades and a lot of internship experience. By the way, where are you applying to?

Daniel: I want to apply for an IT-related company. However, there are more documents to submit than I thought. The deadline is only a few days away, but I don't know if I can finish by then.

Jiyeong Kim: When is the deadline?

Daniel: There are only two days left and I'm worried that I haven't finished my cover letter yet. I don't know how to end it.

Jiyeong Kim: There's still some time left, so don't worry and prepare well. You'll have a good idea if you keep trying.

Daniel: Thank you. I'll do my best.

[Listening/Speaking 2]

Man: Jennifer, it's been a long time no see. How are things going?

Woman: I have an internship interview the day after tomorrow, so I'm preparing.

Man: Really? Which company did you apply for?

Woman: I applied for Seoul Bank because my major is economics. But I'm worried that I won't be able to answer well during the interview.

Man: I've had an interview before and I was a little nervous. But as I continued to practice, I became accustomed to it.

Woman: I practice while looking in the mirror every day.

Man: And I practiced a few times with my friends before the interview and it was really helpful.

Woman: That's a good approach as well. Thank you.

Man: I hope it works out this time. Way to go!

[Reading/Writing 2]

I'm busy with job preparations these days. A few days ago, I found a company that I wanted to work for while looking at a job-related website. I will apply because the position fits well with my major and this is something I want to try.

There is a week left until the deadline for applications. I will do my best to prepare from today onwards. I was rejected by the company I applied for last time, so I am worried that I will fail again this time. I hope I can get accepted and work for this company.

We're looking for someone to work with
Area: Graphic Design
Qualification:
Bachelor's degree or higher
Degrees related to design
Experience in design is a plus
Please submit these documents:
The resume, cover letter, graduation certificate, and recommendation letter
First round: Documents; second round: Interview
Deadline: April 25
Here is how to apply:
Website of the company (www.gooddesign.co.kr)

NEW GENERATION KOREAN Series

NEW GENERATION KOREAN Series consists of *NEW GENERATION KOREAN 1* for beginner level, *NEW GENERATION KOREAN 2* for intermediate level, and *NEW GENERATION KOREAN 3* for advanced level. *NEW GENERATION KOREAN* Series includes a textbook and a workbook. Textbook and workbook are available in both paper and digital formats.

NEW GENERATION KOREAN TEXTBOOK 3 can be used for both in-class and self-study for advanced-level Korean learners who want to understand, speak, read, and write contemporary Korean as well as learn about Korean culture.

NEW GENERATION KOREAN WORKBOOK 3 provides students with additional skill practice and textbook chapter reviews.

You can download the whole audio files of *NEW GENERATION KOREAN* Series from https://newgenkorean.com